la
guía
completa de
linkedin
para tontos

Andrés Vrant -né Velasquez- es Titulado en Psicología de la Universidad Javeriana donde se concentró en *Ciencia Cognitiva*; después de esto, consiguió su Maestría en Publicidad de la Universidad de Barcelona, concentrándose en *Persuasión Humana*. Adicionalmente fue becario del Departamento de Estado de US para un *Fellowship* en Investigación e Innovación de la Universidad Estatal de Missouri en misión para la Cámara de Comercio de la ciudad de Springfield, también está Diplomado en Comunicación de Mercadeo del *Dale Carnegie Institute*. En 2011 empezó con su propia empresa, INK (***The INK Company***) a través de la cual se proveen soluciones en *"Social Selling"* y «*Content Marketing*». Es *co-fundador* y coach-consultor adjunto en LID (***The LID Corporation***), así como *co-fundador* y ejecutivo de **Giappy**. Es experto en procesos de *Marcas - Ventas* y especialista en proyectos que involucran Internet, Redes Sociales y plataformas tecnológicas para la innovación, el emprendimiento y el crecimiento de Pymes desde lo digital.

LA GUIA COMPLETA DE LINKEDIN PARA TONTOS
por *Andrés Vrant -né Velasquez-*

Derechos Reservados© 2017 *Andrés Velásquez / Andres Vrant.* Desarrollado en Latinoamérica. Publicado por **THE INK COMPANY Publishing**, division de *The INK Company*, 1000E. Madison St. R. 118 Springfield, MO 65897

ISBN-13: **978-1979934404**
ISBN-10: **1979934401**
[TM]

"si el tonto insistiera en sus tonterías, en sabio se convertiría"

- Adaptado de William Blake

"si cada persona de un país estuviera en Linkedin se incrementaría el Producto Interno Bruto"

- traducido de Reid Hoffman

LA GUIA COMPLETA DE LINKEDIN PARA TONTOS - Página6

INTRODUCCIÓN

Linkedin fue creado con la idea de «*conectar los profesionales del mundo para hacerlos más productivos y exitosos*» pero es posible que ni el fundador de **Linkedin** ni **Linkedin** como empresa hubieran pensado en 2003 en lo poderosa que se convertiría esta plataforma para el mercadeo. Actualmente parte de la misión de **Linkedin** podría ser reescrita como «*conectar los profesionales del mundo del mercadeo para hacerlos más productivos y exitosos*». Pero la cosa no se termina ahí, **Linkedin** en su inteligencia colectiva de individuos, de empleados y, la inteligencia artificial propia de su algoritmo, ha llevado a **Linkedin** a pensarse como una de las plataformas más grandes del mundo que sirva en el camino de «*crear oportunidades económicas para cada miembro de la fuerza de trabajo global*» o, mucho mejor aún, «*crear oportunidades (...) para cada miembro de la fuerza de trabajo en mercadeo*». Las redes sociales y el mercadeo se han vuelto en cierto punto, sinónimos, de ahí que una red social con herramientas y opciones sólidas para el mercadeo se convierte en la solución a muchos de los esfuerzos personales y corporativos orientados a lograr resultados de posicionamiento y/o ventas. Pero hay algo aún más interesante y útil. Estamos en una era en la que el CONTENIDO se volvió sinónimo de redes sociales y sinónimo de mercadeo. Por consiguiente, Mercadeo = Redes Sociales = Contenido. **Linkedin** se ha empezado a trasformar lentamente en una de las plataformas de publicación de Contenido más grande del mundo y su énfasis nunca han dejado de ser las personas y los negocios. A través de **Linkedin** como plataforma de publicaciones con espacios como **Linkedin** *Pulse*, **Linkedin** *Publishers* / **Linkedin** *Influencers*,

Linkedin ha llegado para trasformar el universo del mercadeo y no va a irse en mucho tiempo. Si **Linkedin** = Red Social = Mercadeo = Contenido, entonces, **Linkedin** está bien enfocado hacia la promoción de contenido y el impulso al consumo de contenido, donde el puente son las redes sociales y la disciplina es el mercadeo. Moderno y Visionario, **Linkedin** es clave, sigue trasformando el mercadeo desde las redes sociales a través del contenido y el camino aun es largo pero sin duda, también es o será enriquecedor.

ANDRES VELASQUEZ
31 de Julio de 2014

¿POR QUÉ DEBERÍA CONSIDERAR ESTE LIBRO?

El objetivo de este libro es proporcionar lo mejor de LINKEDIN para quienes no saben nada, para quienes saben muy poco, para los curiosos, para los que están empezando, para quien quiere empezar construir marca personal en *Linkedin* o para quien quiere empezar a vender con *Linkedin* y que vean resultados como parte de una aproximación integrada, como parte de un nuevo «*Mix*» Digital.

Este libro concentra cerca al menos diez años de indagación, exploración, conocimiento & experiencia y es en gran medida, también, un «acto de filantropía» en muchos sentidos, pues es una de las puertas de entrada para que la gente descubra mucho de lo que necesita saber acerca de **Linkedin** como guía, es un trabajo que refleja nuestro amor por las redes sociales, las tecnologías, la innovación personal y empresarial y por supuesto el agradecimiento a **Linkedin** por facilitar todo eso de manera conjunta; está dedicado a obtener un máximo o al menos un razonable valor de **LinkedIn** para las personas y para sus empresas. Esto es más de lo que evoca su título (como podría parecer a simple vista), es una referencia estratégica + táctica para quienes se están formando una opinión y tomando acciones frente al poder digital de las redes sociales, y, por supuesto, frente a **Linkedin**. En este libro se ha empaquetado una serie de "alternativas". Es todo acerca de cómo aprovechar el potencial y el poder de lo social y del *social media branding & selling*. Leer este libro nos muestra alternativas necesarias: **Linkedin** bajo nuevas reglas y nuevas condiciones del mundo del trabajo y los negocios. Pretendemos mostrar también un LADO SIMPLIFICADO de las marcas y las ventas desde la perspectiva individual u organizacional gracias a **Linkedin**, porque es el momento de tomar los medios sociales al siguiente nivel (*aunque ese nivel sea para "tontos"*), moviéndose más allá; movernos de lo que todos nos dicen que funciona a lo que muchos sabemos que funciona.

CONTENIDO
de "TROPIEZOS"

TROPIEZO 01

MICRO-INTRO A LAS REDES SOCIALES

INTRODUCCIÓN A LAS REDES SOCIALES: En 1992 dejé de recibir clases de «Computación» porque mi programa curricular en el colegio ya no lo exigía. Había dejado de recibir clases sobre *hardware* y *software* y aún seguía odiando los computadores. Al graduarme del colegio, Internet estaba a punto de abrirse globalmente al público. Cuando entré a la Universidad a estudiar Ciencias Sociales, en 1995, había pasado escasamente un año e Internet ya empezaba rápidamente a difundirse, multiplicarse, masificarse, *viralizarse*, pero, solo algunas corporaciones y muy poca gente en la élite de universidades sabía lo que estaba pasando aunque nadie sabía realmente hasta donde llegaría o como; las primeras redes sociales (classmates.com / sixdegrees.com) estaban siendo creadas y lanzadas en ese mismo año. En 1996 abrí mi primera cuenta de correo electrónico (obviamente proveída por los laboratorios de computación de mi Universidad, la **Universidad Javeriana**) y me suscribí a las primeras listas de discusión e ingresé a las primeras salas de chat con IRC. En 1997 sucedieron dos cosas que cambiarían mi vida y mi trabajo: Ingrese a la más grande organización internacional de estudiantes y abrí mi primera cuenta de correo electrónico gratuita en YAHOO.COM que conservo actualmente modificada como **andres.velasquez@yahoo.com** (a la cual podía entrar desde cualquier computador con acceso a internet, aunque en la casa no había conexión). Gracias a YAHOO le volví a coger amor a los computadores. No mucho después los buscadores se habían apoderado de Internet y ya empezaba a usar Google esporádicamente. En 1998 empecé a visitar las primeras Páginas Web que existían y a acceder a plataformas que solo funcionaban con Internet, ya entonces era adictivo. Bajé archivos con FTPs (*Dropbox* estaba a 10 años de distancia) y accedía con extraños y sofisticados protocolos remotos a «servidores» artesanales. En ese mismo año 1998 debido a tareas académicas como mi tesis y exigencias laborales, empecé a usar *Word*, *Excel* y *Powerpoint*. Un año después en 1999, **AIESEC** lanzaría la segunda versión del primer sistema de gestión de intercambios laborales y una versión temprana muy poderosa de comunidades ONLINE que funcionaba como parte de una Intranet Corporativa / Organizacional; un portal cerrado y exclusivo desde el cual y con el cual gané experticia en lo digital, lo online; en ese mismo 1999 se daban los primeros pasos de lo que se llamaría después Web 2.0. Llegó el Y2K (virus del milenio) y no pasó nada. En el año 2000 estalló la «Burbuja de las .COM» y en este contexto, la Web 2.0 dio paso y vida a lo que empezaría a llamarse en serio «Redes Sociales» / «Medios Sociales». El año 2001 fué como una transición. En el año 2002 se lanzaría *Friendster,* y, *Myspace* se convertía en la primera red social de la que todo el mundo hablaba (masiva). **Linkedin** fue ideada por *Reid Hoffman* en ese mismo 2002 y lanzada en 2003; en 2003 yo renovaba mi pasaporte por segunda vez y salía de mi país por primera vez, Facebook estaba siendo ideado por *Mark Zuckerberg* y lanzado en 2004 de manera exclusiva para las Universidades de la *Ivy League* en US. En el 2004 entraba a trabajar para una Consultora llamada **Dale Carnegie** (conocida por 2 *best-sellers* históricos mundiales y de los cuales uno serviría para adaptar un libro representativo de la era de las redes sociales: "**How to Win Friends and Influence People in the Digital Age**". Al llegar el 2005, en Latinoamérica se extendía *Hi5*, una Red Social muy poco popular en US y bastante popular en Rumania a donde irónicamente yo llegaba como parte de un proyecto de desarrollo social. Para el año 2006 estaba viajando por Suramérica con un *backpack*, "viví" en Brasil un tiempo corto y ya ahí, entonces era inconcebible vivir, estudiar o trabajar sin internet. Cuando regresé a mi país en el 3r *Quarter* del 2006, regresé para buscar trabajo y un amigo que llegaba de Europa me habló por primera vez de **Linkedin**. Sin saber lo que iba a ocurrir, abrí una cuenta esperando encontrar trabajo con esa plataforma. Encontré trabajo pero no por **Linkedin**. Después del peor trabajo de mi vida salte a trabajar en 2007 en la industria de la comunicación, la publicidad, el mercadeo y el *branding* para una de las agencias de Investigación más grandes del mundo (entonces *Research International* y ahora **TNS**) que a su vez hace parte de uno de los grupos de Comunicación Integrada de Mercadeo más grandes del mundo (WPP); en ese año, Facebook se abriría a todo el planeta y, había empezado a llegar a Latinoamérica. En la primavera de 2007 me llegó el mensaje por correo electrónico de un amigo que vivía, trabajaba y estudiaba en Nueva York, en ese mensaje me hablaba de Facebook, me recomendaba abrir una cuenta y me estaba mandando la invitación. Aburrido con la Red Social que usaba, Facebook fue muy refrescante y con Facebook se abrió para mí, para la gente y más tarde también para las empresas, un universo nunca antes visto; Internet se volvió incluso más adictivo. Facebook despertaba interés pero también incredulidades. En Febrero de 2008 vía Facebook en Colombia, se creó uno de los grupos que generaría el movimiento más grande que se había visto en el país en contra de las guerrillas; gracias a Facebook, se convocaron, reunieron y movilizaron millones de personas en todo el territorio nacional para protestar en contra del terrorismo; pocos meses más tarde, Facebook crearía su versión en español. Para otoño de ese 2008 estaba yéndome a vivir, estudiar y trabajar en España por un programa de Postgrado (Master) de la *Universidad de*

Barcelona. En el año 2009 abriría mi cuenta en *Twitter* y escribiría mi primer «*Tuit*». En 2010 había terminado mi Postgrado en Publicidad (donde solo por encima se había hablado de «Redes Sociales») y había regresado a mi país para no volver a buscar trabajo, esta vez seria para crear empresa. Me estrellé y me quebré y, en ese espacio de tiempo, el Departamento de Estado de US me becó en un programa llamado *Business Fellows*, me enviaron a una de las 30 ciudades llamadas Springfield para trabajar en la Cámara de Comercio local (lo que hice con / para ellos no hubiera sido posible sin internet). Para cuando volví con la cabeza más fría pero pensando en mil ideas al final del invierno de 2011, había descubierto que mi vida, trabajo, carrera, negocio o empresa, no podían basarse en lo que venía haciendo con Servicios Profesionales de Investigación. Entré a desarrollar tres portafolios paralelos, CULTURA DE INNOVACION, CORPORATE BRANDING y REDES SOCIALES. 2012 fué un año de consolidación conceptual de mi propio negocio donde descubriría que los tres portafolios comercializados convergían en un solo portafolio de servicios y productos intangibles basados casi un 100% en la implementación de redes sociales en las empresas para lograr objetivos de posicionamiento y/o ventas. El 2012 fue el año donde descubrí que a partir de esa década, hablar de Marcas Corporativas y Redes Sociales, terminaba siendo lo mismo; eran dos campos en aparente canibalismo cuando en realidad se trata de dos campos inseparables que son o parecen uno solo. Estamos en un punto donde parece que no se pudiera hacer *branding* sin internet o no se pudiera concebir Internet sin intervención (suave o dura) de las marcas. Aunque creadas varios años atrás, yo vine a hacerme consciente de *Hubspot o Marketo y Eloqua* como empresas y, las prácticas de INBOUND, solamente en el mismo año

2012. El *Inbound Mercadeo* o *Content Mercadeo* se han convertido en la práctica estrella (y más fuerte) de Mercadeo en Internet. Se puede decir que es la fusión más lógica de *Branding* y Redes Sociales. INBOUND. Si, el eslabón entre las prácticas de mercadeo y la implementación de las redes sociales. El 12 de Diciembre de 2012 (121212) recibí como regalo un Libro llamado «***The Start Up of You***» escrito por el Fundador de **Linkedin**. Ese libro cambiaría mucho de mi vida presente y mi negocio actual. Descubrí lo robusto y sin embargo dinámico y versátil que podía ser **Linkedin**. Un mes después de terminar de leer el libro (en 2013) desarrollé una presentación e hicimos el primer *Webinar* sobre **Linkedin** con la plataforma de la empresa de un buen amigo (Mauricio Duque), devorador de tendencias en tecnología y pionero de los ecosistemas del comercio digital en Latinoamérica. Solo puedo decir que <u>éste libro</u> que usted está leyendo y sobre el cual están escritas estas palabras, tuvo su origen en ese *Webinar* sobre **Linkedin** de principios de 2013. Solo un poco más de un año después, **Linkedin** no solo me dió el tema para un libro sino que para finales de 2013, esta plataforma, había alcanzado 300.000.000 de usuarios (una cifra que en el futuro se verá pequeña pero en su momento era una monstruosidad). Actualmente, **Linkedin** en conjunto con sus adquisiciones *Slideshare* + *Pulse* & la creación de la plataforma de *Influencers*, se convirtió en la plataforma abierta, *premium* de publicaciones y contenido más grande del mundo. Así que, en un mundo comercial donde lo INBOUND está marcando la parada y también los pasos a seguir, **Linkedin** tiene ya un largo camino recorrido y una poderosa influencia. La **Misión** de **Linkedin** es «*conectar los profesionales del mundo para hacerlos más productivos y exitosos*» y su VISIÓN es «*crear oportunidades económicas para* *cada miembro de la fuerza de trabajo global*». Yo creo que **Linkedin** no se ha equivocado con su Misión y si se mantiene constante y consistente, no se va a equivocar con su Visión. Esta pieza de contenido (libro) que tiene en sus manos o ante sus ojos, no solo ilustrará parcialmente porqué **Linkedin** va por buen camino, sino que va a empezar a ayudarle a USTED a entender - meterse en el mundo de **Linkedin** y aprovecharlo para sus esfuerzos de mercadeo.

¿QUE SON LOS MEDIOS SOCIALES?

Los medios de comunicación sociales o simplemente Medios Sociales (social media en inglés), son plataformas de comunicación en línea donde el contenido es creado por los propios usuarios mediante el uso de las tecnologías de la Web 2.0, que facilitan la edición, la publicación y el intercambio de información. Los medios sociales son ricos en influencia e interacción entre pares y con una audiencia pública que es cada vez más «inteligente» y participativa. El medio social es un conjunto de plataformas digitales que amplía el impacto del boca a boca y también lo hace medible y, por tanto, *rentabilizable* por medio del mercadeo de/en medios sociales.
-Wikipedia

Los Medios Sociales son «un grupo de aplicaciones basadas en Internet que se desarrollan sobre los fundamentos ideológicos y tecnológicos de la Web 2.0, y que permiten la creación y el intercambio de contenidos generados por el usuario»
-Andreas Kaplan y Michael Haenlein

¿QUE SON LAS REDES SOCIALES?

Un Servicio de Red Social es una plataforma para crear
Redes Sociales o relaciones sociales entre personas
comparten actividades, formación académica,
experiencia laboral o conexiones de la vida real. Un
servicio de red social está formado por una
representación de cada usuario (a menudo un perfil),
sus vínculos sociales y una variedad de servicios
adicionales. Las redes sociales son servicios basados en
internet que permiten a los individuos crear un perfil
público, crear listas de usuarios con los que compartir
conexiones y ver o cruzan conexiones dentro del
sistema. La mayoría de los servicios de redes sociales
están basados en la web y proporcionan los medios
para que los usuarios interactúen a través de WWW,
igual que el correo electrónico y la mensajería
instantánea. Los sitios de redes sociales son variados e
incorporan nuevas herramientas de información y
comunicación, tales como la conectividad móvil,
múltiples formatos (Video, *Podcasts*, Imágenes,
Presentaciones,) o canales como blogs.
-Wikipedia

TROPIEZO
02

MICRO-INTRO A LINKEDIN COMO RED SOCIAL

INTRODUCCIÓN A LINKEDIN: Al momento de escribir esto, **Linkedin** había reportado como «*Milestone*», más de 300 millones de usuarios activos (1,1). Si se tratara de un país, **Linkedin** tendría el mismo tamaño poblacional aproximado de los Estados Unidos, que es actualmente la tercera nación más grande del mundo, solo India y China serian significativamente más grandes.

¿Quién usa Linkedin?*
+ de 500.000.000 de Profesionales (+ del 60% están fuera de US)
+ de 50.000.000 de Estudiantes y Recién Graduados
+ de 5 Millones de Empresas y + de 100 Industrias
+ de 50.000 grupos de egresados de escuelas de negocios

*Ejecutivos de las empresas más grandes del mundo.

IMPACTO EN LOS MEDIOS ACTUALES Y MÉTODOS TRADICIONALES

Las tasas de circulación de periódicos están en declive (1,2), y la mayoría de los anuncios de la televisión ya no son tan rentables. **Linkedin** ha logrado una audiencia mucho más precisa, especializada y sofisticada y en algunos casos, más grande que los viejos medios. Eso por sí solo ha sido suficiente para convencer a algunos de que es el lugar ideal para probar una nueva mezcla de mercadeo. Si necesita más, considere la enorme cantidad de información profesional que los usuarios le ponen al sitio y, por lo tanto, los anunciantes. **Linkedin** le provee a las marcas nuevas maneras de dirigir anuncios con más eficacia que nunca y posicionarse con mejores niveles, a los vendedores, nuevas opciones para generar prospectos, a los reclutadores más información para decidir sobre el mejor talento, a los emprendedores, oportunidades de innovar y desarrollarse, a los ejecutivos, una forma más inteligente de actuar en los negocios, a los estudiantes, más opciones de carreras, a los independientes, más oportunidades. Y, ¿la mejor parte?; toda la información ha sido ofrecida voluntariamente por los usuarios.

GRANDES MARCAS / GRANDES EMPRESAS EN LINKEDIN

Las compañías más grandes, las marcas más reconocidas y sus ejecutivos estrella, ya son nativos de **Linkedin**, lo usan para sus actividades de trabajo y lo aprovechan para engancharse con grupos objetivos o comunidades de la forma más rentable diseñada hasta ahora en una red social. Coca-Cola tiene cerca de 1 millón de seguidores en su ecosistema de Páginas de Empresa (esto puede parecer un número pequeño comparado con el número de Fans de Coca-Cola en Facebook, pero, hay que recordar que el perfil de la gente en **Linkedin** siempre es de personas que trabajan o que están en función de sus carreras o sus empresas, ese es un nicho «*premium*» de usuarios de redes sociales).

Gigantes como LEGO, postean en **Linkedin** menciones de prensa que mantienen viva la reputación como compañía y como marca. Pero eso no es todo, también impulsan su Marca Empleador a través de los *Tabs* de Carrera desde lo cual conectan con todo el embudo de reclutamiento de la compañía. SAP, la corporación multinacional Alemana que hace software empresarial para administrar operaciones de negocios y relaciones con clientes, hace presencia en **Linkedin** como una alternativa para integrar funciones tanto de CRM como de ERP.

¿CÓMO USTED PUEDE Y DEBERÍA USAR LINKEDIN?

Incluso «pequeñas marcas» pueden entrar en la acción en **Linkedin**. *Interlat* (1,3) contaba al momento de estas líneas con 333 seguidores que se han ido construyendo poco a poco con voz a voz, publicaciones directas en **Linkedin** y comunicación *multiformato* o actividades con plataformas cruzadas.

Los Hoteles *Sofitel* a pesar de ser una «marca grande» no tiene actividad en **Linkedin** aunque si tiene una página de empresa creada con más de 300.000 seguidores a 2013, lo que significa un nicho especializado aun por aprovechar... imagínenlo. Ahora USTED, si no está en **Linkedin**, tiene que ponerse al día para evitar no aparecer o no ser notado o estar fuera de contacto. Si sus competidores aún no están o no están utilizando **Linkedin**, ya usted estará ganando puntos importantes con su público por estar en «primer lugar».

CREAR CONTENIDO VALIOSO

Si se utiliza correctamente, **Linkedin** puede ser definitivamente una extensión de su marca, lo que ayuda a presentar la misma personalidad, tono y cara visual como lo haría en cualquier otro material o formato. Tómese el tiempo para pensar acerca de por qué usted y su marca quisieran participar en **Linkedin** y lo que espera lograr con ello. Pero no se detenga allí. Piense en su público, en especial el segmento de su audiencia en **Linkedin**. **Linkedin** es un canal altamente especializado y con contenido de calidad superior. Cada pieza de contenido que usted publique va a llegar a un alto porcentaje de su público objetivo. Cada posteo debe ser específico para su página de **Linkedin**. Sea breve y <u>relevante</u>. Tenga claro lo que quiere lograr de su público objetivo con lo que publique. La mezcla de mercadeo digital-online en **Linkedin** puede llegar a ser increíblemente rentable, especialmente en comparación con alternativas en medios comerciales o de negocios tradicionales en las que se invertían mucho tiempo, personas y dinero. Los usuarios de **Linkedin** «secretamente» esperan que usted pueda escuchar lo que están buscando (y en realidad actuar y no solo escuchar). A los nativos de **Linkedin** les interesa el contenido constante y actualizado para seguir estando en su radar. **Linkedin** ofrece un sinnúmero de aplicaciones, suites, herramientas, opciones, plataformas, sitios para enganchar clientes potenciales o talento potencial que hace parte de la marca empleador. Por ejemplo, los vendedores y reclutadores pueden aprovechar las soluciones de talento, ventas y en generación de negocios (ej.: «*Targeted Ads*»), grupos & eventos.

Esto, también genera métricas (*Insights*) para entender mejor la información basada en la actividad y datos demográficos (1,4). Este libro puede ser una guía a través de todo esto y más, para ayudar a crear campañas efectivas y con resultados.

TROPIEZO
03

INTRO A ESTA GUIA COMPLETA DE LINKEDIN PARA TONTOS

¿PORQUE YO O MI EMPRESA NECESITAMOS A LINKEDIN?: Desde que las redes sociales vieron la luz, el mundo de los negocios, las relaciones se han hecho más importantes que nunca y, eso pasa porque mucha gente se quiere desconectar de lo que es irrelevante en lo promocional. Los consumidores quieren enfocarse, engancharse y comprometerse con las organizaciones que se centran en el intercambio de información y el contenido útil y relevante. Con las organizaciones que informan y se dedican no son sólo a vender sino a la construcción de relaciones. **LinkedIn** es una plataforma que permite a los *mercadologos* forjar Números, Resultados con estos profesionales. No es de extrañar que **LinkedIn** se haya convertido rápidamente en la plataforma de publicación de contenido para vendedores inteligentes. Una encuesta de Usuarios de **LinkedIn** encontró que **LinkedIn** es considerada la red social más efectiva para la entrega contenido B2B, y, la investigación, llevada a cabo por Investis IQ[2] encontró que **LinkedIn** es la principal red social para dirigir el tráfico a sitios web corporativos.

APROVECHE LAS POTENTES ALTERNATIVAS

LinkedIn ofrece una tremenda oportunidad para la gente como usted, si se centra en la construcción de su marca o generación de clientes potenciales. Tanto las soluciones que son pagadas como las alternativas que son gratuitas, permiten orientar sus mensajes e interacciones con el público adecuado, publicar contenido que se conecta con la audiencia, y ampliar la participación dentro y fuera de la red. Como **Linkedin** es una red de profesionales masiva, actúa como plataforma de publicación de gran alcance. **Linkedin** ayuda, por ejemplo, a vendedores que se involucran directamente con los miembros de **LinkedIn** con contenidos y experiencias que son profesionalmente relevantes. Piense en esto como "publicar con un propósito". Al usar **Linkedin** para construir relaciones, se alcanza un amplio rango de objetivos de Mercadeo: CREAR CONCIENCIA, INCREMENTAR CONSIDERACION Y PREFERENCIA, LLEVAR TRAFICO Y ATRAER PROSPECTOS, CONSTRUIR COMUNIDAD, CREAR DEFENSORES DE MARCA. Lleve a cabo tanto el BRANDING como la generación de prospectos en *Tandem* para mayor efectividad.

"TARGET"
Diríjase con precisión a cada audiencia de calidad

"PUBLISH"
Publique contenido relevante en un contexto
profesional

"EXTEND"
Extienda con «compartir Social» y lleve tráfico

EXPANDIRSE A TRAVÉS DE *INFLUENCIADORES*

Linkedin hizo posible para cualquier miembro la posibilidad de seguir un grupo exclusivo de *Influencers*. A partir de ejecutivos de NIVEL C (Ex.: CEOs) y los empresarios o los líderes del mundo y filántropos, estos *influenciadores* contribuyen con ideas únicas de negocio y con «chispa de reflexión» sobre las discusiones sobre una serie de cuestiones. Esto sucede a través de impulsos de contenido, el programa de *Influencers* es una fuente verdaderamente original de contenido. Pero lo más importante, es la intención de inspirar, informar y hacer mejores *mercadologos* y vendedores. Los *Influencer* siguen creciendo y **Linkedin** añadió líderes de pensamiento, de inspiración. USTED puede trabajar directamente con cualquiera de estos *Influencers*, ya sea por "Gusto", una oportunidad concreta o saltar a una conversación sobre una publicación. Por otra parte, a través de los comentarios, se puede responder a mensajes de uno de esos influyentes para iniciar conversaciones y debates con otros que leen los *posts*. Se puede mencionar a otras personas que hacen parte en un debate y recibir notificaciones cuando los comentarios han recibido una respuesta. Interactuar con *influenciadores* es una excelente forma de hacer *networking* natural y orgánico que beneficie esfuerzos de mercadeo tanto personales como empresariales.

MODELO DEL EFECTO LINKEDIN
para "TONTOS" ☺

...hacer PRESENCIA:
No puede realmente hacerse mercadeo de algo que no existe, o por lo menos, suena ridículo, es por eso que lo mínimo que debe garantizarse en **Linkedin** para hacer mercadeo es la **PRESENCIA**, de una persona, una empresa, una marca, un producto, un portafolio, etc

...construir IDENTIDAD:
Se trata del resultado de muchos factores y muchas acciones, no puede haber identidad sin existencia pero tampoco es sencillo construir identidad sin comunidad o contenido; la **IDENTIDAD** es clave en el inicio de la monetización de un producto o servicio a través de **Linkedin**, porque, es lo que nos permite empezar a ganar reputación, y, a través de esta, confianza.

...crear COMUNIDAD:
Es básico entender que hay cosas que validan la identidad y el contenido, por eso, se trata de un ingrediente clave en el mercadeo en general, en las redes sociales y evidentemente, también en **Linkedin**; crear **COMUNIDAD** es un proceso largo, casi tan largo como el proceso de construir identidad, se trata de un catalizador fundamental, hay que ser constante, consistente, coherente y paciente.

...fortalecer REDES:
Parece redundante hablar de redes en el contexto de una Red Social, pero, el asunto es que las orgánicamente, estas, no se fortalecen solas, hay que impulsar a las personas y a las empresas en función de cada una, para que las **REDES** se hagan más robustas, más «espesas», que haya verdadera fuerza de conexión entre los participantes de una comunidad, incluido **Linkedin**.

...desarrollar CONTENIDO:
Las máquinas necesitan combustible, el de la máquina de mercadeo en **Linkedin** es el **CONTENIDO** y, a través de este, el conocimiento; si bien es valioso solo curarlo, es mucho mejor desarrollarlo desde cero, es esa perspectiva, mezclar con la ideación puede derivar en resultados interesantes, valiosos y efectivos, la *referenciación* apoya además la identidad y las comunidades.

...calendarizar PUBLICACIONES:
El calendario editorial en **Linkedin** es lo que le daría estructura, orden, dinámica y disciplina a la presencia, la identidad, la comunidad, las redes, y el conocimiento. El contenido se refleja en **PUBLICACIONES**, la estrategia + táctica detrás de esto se ve representada en lo que llaman *Cronopost*.

TROPIEZO
04

LINKEDIN
para
IDENTIDAD
BUSQUEDAS
RELACIONES
CONTENIDO

Cuando interactúe en redes sociales, no sea un simple "promotor" o un "vendedor". Su trabajo y negocio es construir relaciones ofreciendo acompañamiento, asesoramiento, en otras palabras, experticia, no solo información sobre soluciones o servicios suyos o de su empresa. La *construcción de confianza* dará sus frutos al final. Por ejemplo, si observa una discusión que sea relevante para su marca e industria, comparta su consejo sin ninguna mención o menciones de productos. Su participación demuestra su interés en estar conectado, mantenerse actualizado y dejar su huella donde los recién llegados a su industria estarán. Para convertirse en alguien de <u>confianza</u>, promotores o vendedores deben publicar alrededor de cuatro veces más <u>material educativo</u> e interesante que productos o información suya o de su empresa. "Siga enviando contenido, luego incluya algo sobre usted y su empresa, y harán clic ahí, seguro. Usted puede obtener material de muchísimas fuentes. Por ejemplo, conecte *palabras clave* en PAPER.LI y todas las mañanas reunirá noticias sobre sus temas favoritos. Las personas influyentes clave en su industria publican en blogs o en "secuencias sociales". Utilice también contenido sobre líderes de opinión de su propia empresa. Los pioneros en **Linkedin** rápidamente se dieron cuenta de que lo importante era *construir una identidad profesional en las redes sociales. Sus prospectos buscarán personas que tengan respuestas*; harán búsquedas en línea para encontrar soluciones relacionadas con su producto, y querrán saber algo sobre usted antes de ponerse en contacto. Si no creen que tienes buena reputación o conocimiento, eso perjudicara tus posibilidades de crear una relación, y lo peor de todo, es que no pueden encontrarte en línea. En ese caso, estarías fuera del juego por completo.

ESTABLECER SU
MARCA PROFESIONAL

¿porque es importante establecer su marca profesional?

~80% de prospectos o reclutadores muy probablemente se enganchen con alguien que tiene una marca profesional fuerte

~80%

complete su perfil
teniendo la
audiencia clave
en mente

adicione
multimedia
resaltándose
como un líder de
opinión

ESTABLECER SU
MARCA PROFESIONAL

incremente
visibilidad al
publicar e
interactuar con
contenido

ESTABLECER SU
MARCA PROFESIONAL

obtenga
validaciones o
recomendaciones
de clientes y
colegas

ENCONTRAR LA
GENTE CORRECTA

¿porque es importante
encontrar la gente
correcta?

usuarios que entran a ver el perfil de al
menos 10 personas son un 69% mas
propensos a recibir respuestas o
propuestas de prospectos o reclutadores

~69%

use herramientas
de búsqueda para
concentrarse en
tomadores de
decisiones

apalánquese de
introducciones
tibias para
expandir su red

ENCONTRAR LA
GENTE CORRECTA

investigue
prospectos y
reclutadores
potenciales

ENCONTRAR LA
GENTE CORRECTA

tome ventaja de
quien esta viendo
su perfil

CONSTRUIR
RELACIONES

¿porque es importante construir relaciones?

por lo menos el 75% de los tomadores de decisiones (compradores / contratantes) prefieren personas referidas por alguien conocido o tienen una impresión favorable de quien fue presentado por gente dentro de su red profesional

~75%

crezca su red en Linkedin conectándose con contactos ya existentes

enfóquese especialmente en tomadores de decisiones

sea exclusivo para invitar, inclusivo para aceptar

conéctese
internamente y
apalancase de
sus propios
equipos

nutra relaciones
con el tiempo
para mantenerse
posicionado en la
mente de las
personas

ENGANCHARSE CON BUENA INFORMACION

¿porqué es importante engancharse con buena información?

usted tiene un 70% mas de posibilidades
de conseguir una cita o una venta
inesperada siendo miembro de grupos

~70%

comparta recursos relevantes para fortalecer conexiones

manténgase actualizado con contenido oportuno

métase a
discusiones
donde están sus
conexiones

sea relevante
cuando escriba
mensajes directos
personalizados

TROPIEZO 05

BÁSICOS DE LOS PERFILES EN LINKEDIN

BASICOS DEL PERFIL DE LINKEDIN: Un perfil es una representación digital de un usuario de **Linkedin**. Los perfiles deben ser una cosa de orgullo para los usuarios frecuentes de **Linkedin**; son una extensión de la «personalidad», la identidad profesional, de carrera y de negocios. Los perfiles de **Linkedin** son el corazón de **Linkedin**, son el cómo los usuarios comparten cosas con su grupo de conexiones profesionales. Para los vendedores y reclutadores el perfil es donde todo comienza. Para llegar a involucrar a contactos claves, usted como usuario de **Linkedin** debe saber lo que hacen y también aprovechar bien el sitio. Los más valiosos usuarios de **Linkedin** son los que proporcionan calidad de información y tienen conexiones inteligentes o estratégicas. El usuario promedio puede tener aproximadamente 200 contactos; pero hay que pensar en el potencial de algunos *influenciadores*. El mantenimiento del perfil requiere tiempo y energía para mantenerse y mantenerlo fresco, profesional, y RELEVANTE para los amigos (y, por supuesto, para vendedores o reclutadores como usted). Ya que **Linkedin** no gana usuarios esporádicamente sino consistente y constantemente por minuto, hora, semana, mes o año, es necesario apreciar la dedicación y apertura que se necesita para crear un perfil «ALL-STAR» de **Linkedin**, y, debido a que los propietarios de estos perfiles pasan tiempo precioso para obtener *buzz*, *clicks* o ventas, reclutados y resultados, la mejor manera de entender y apreciar estos usuarios de **Linkedin** y sus perfiles es crear el suyo propio, AHORA!

¿QUÉ ES UN PERFIL DE LINKEDIN?

Un perfil de **Linkedin** es la forma como los usuarios individuales se representan a sí mismos con su fase de carrera, imagen profesional en el sitio (2,1). Típicamente contiene información sobre la experiencia de trabajo, formación académica, habilidades, recomendaciones; en algunos espacios, intereses del usuario en *influencers* o compañías que son referentes de la industria. Está también conectado a cualquier Página de **Linkedin** que les gusta, grupos temáticos o de eventos y marcas preferidas en cualquier categoría u otras personas conectadas a empresas, marcas, actividades más otros contactos CLAVE!. **Linkedin** es gratuito pero su modelo de negocio alienta a que los usuarios suban su categoría para acceder a información y tarifas privilegiadas en acciones de reclutamiento, ventas y desarrollo de negocios B2B o gestión de información para apalancar áreas o departamentos de Mercadeo (principalmente) y de Talento (complementariamente). Cuantos más usuarios hayan generado o buscado oportunidades, más empresas o individuos tendrán acceso a oportunidades u opciones; cuanto más datos se proporcionen libremente, más potencial de ingresos hay para el sitio y para sus usuarios, por supuesto. Aunque hay personas con ideas erradas sobre la privacidad en **Linkedin**, muchos usuarios son bastante abiertos con su información, y, es que **Linkedin** es una Red Social Limpia, Libre de Basura, Segura y sobretodo que genera, inspira y alienta a la gente a construir redes basadas en la CONFIANZA.

Algunos usuarios en distintos niveles manifiestan preocupación por los problemas de privacidad que se originan de información pública, en particular respecto a que **Linkedin** por su naturaleza de red social, busca cada vez ser más abierto / dinámico. Hay muchas maneras de controlar la invasión de la privacidad en **Linkedin** pero la más común y recomendada, es por supuesto BLOQUEAR y/o REPORTAR perfiles dañinos, a los cuales, **Linkedin** como empresa (no como máquina) da respuesta efectiva con advertencias claras de comportamiento en red y «*netiquete*». Aunque hay que ser generoso con crecer nuestras redes integrando profesionales de perfiles variados para que sea más enriquecedor, también hay que tener muy claro cómo actuar con personas que se vuelvan un problema para nuestra reputación o que puedan potencialmente hacerle daño a **Linkedin** como plataforma o empresa. Las generaciones más jóvenes aunque personalizan más su información, están satisfechos al compartir detalles de sus carreras o emprendimientos, pues, entienden y valoran que esto significa una experiencia más *profesionalizante* que es útil al aprovecharse de la conexión con las marcas o empresas que conocen y admiran.

¿PERFILES DE LINKEDIN OPTIMIZADOS PARA NEGOCIOS?

La intención original de **Linkedin** (con algunas adaptaciones a presente y a futuro) era ser una red social para los profesionales. Inicialmente, **Linkedin** «hacía su red profesional, más rápida y más poderosa», luego (ahora), **Linkedin** «conecta a los profesionales del mundo para que puedan ser más productivos y exitosos», después, el enfoque será que **Linkedin**, «crea oportunidades económicas para cada miembro de la fuerza de trabajo global». Durante una época, digamos hasta 2008, **Linkedin** estaba concentrado netamente en profesionales pero simplemente se fue ampliando orgánicamente a cualquier persona en ámbitos empresariales, de negocios, de trabajo. Aunque su nicho más rápido de crecimiento es el de los estudiantes en últimos años universitarios y jóvenes graduados, **Linkedin** ha crecido significativamente entre emprendedores, ejecutivos de Mercadeo, Talento, Ventas y Reclutamiento, así como consultores y *freelancers* en un rango amplio de disciplinas. Aunque **Linkedin** es *trans-generacional*, la Generación X es mucho más activa (parece obvio que sea así). **Linkedin** siempre ha mantenido ciertas reglas para marcas y empresas. Una regla que muchos comerciantes encuentran frustrante es la distinción que **Linkedin** hace entre los tipos de usuarios y cómo se da esa distinción a los perfiles, las páginas, las aplicaciones y soluciones empresariales o de negocios. Una cosa es un perfil optimizado para negocios y otra muy diferente una Página de Empresa. No es recomendable (de hecho es un error) tener un «perfil de empresa», esto último, es en principio una contradicción, pues, los perfiles están diseñados para individuos y no para organizaciones.

Sí es recomendable sin embargo para quien pueda hacerlo con un dominio propio, tener una Página de Empresa como «Marca Personal» (persona pública o celebridad). Las Páginas de Empresa de **Linkedin** son muy poderosas pero usualmente desconocidas, ignoradas, abandonadas, poco utilizadas - mal utilizadas, incoherentes o inconsistentes respecto al contenido publicado, pero eso no es culpa de **Linkedin**, es problema de los usuarios. Una marca relevante, por ejemplo, merece una página independiente que haga parte del ecosistema de comunicación de mercadeo de una empresa pero no se debería abrir un «perfil para una marca», a no ser que se trate de una «mascota» y que esté alineado a una campaña específica (esto no es común de cualquier manera). Uno de los fuertes legados de **Linkedin** es apalancar acciones de *branding* bien con PALABRAS CLAVES o MEDIOS ENRIQUECIDOS, o, con anuncios. La información de contacto es un ingrediente básico en el proceso de «venta», por eso, llenar todos los espacios de información de contacto, es al tiempo táctico y estratégico. Los perfiles, bien solos o «conectados» a las Páginas de Empresa a través de administradores o profesionales que mencionen o seleccionen la empresa en sus perfiles, están vinculados de nuevo a cada acción en **Linkedin**, de esta forma, alguien siempre se puede hacer responsable de cada interacción y de las piezas de contenido que aparecen en el sitio, así como de la reputación que se deriva de esto.

«SECCIONES» DEL PERFIL DE LINKEDIN (I)

FOTO
Nunca deje un perfil sin foto (y, en **Linkedin** SIEMPRE debe ser una foto formal), para algunos no es importante pero aunque no parezca o aunque no se crea, referencias en sondeos han mostrado que un número significativo de usuarios rechazan contactos potenciales por falta de foto. Un avatar temporal no está mal, pero no debe ser permanente.

NOMBRE
Debe ser completo y claro, **Linkedin** no es idónea para sobrenombres o nombres artísticos a no ser que se trate de figuras públicas o celebridades en casos especiales.

ENCABEZADO
Debe ser atractivo y descriptivo y ojala nunca dejarlo vacío pues un buen *headline* captura prospectos.

LOCACION ll INDUSTRIA
Opcional pero recomendable

INFORMACION DE CONTACTO
Llene TODO lo que le pidan. En **Linkedin**, dejar espacios sin llenar puede ser una oportunidad perdida.

«SECCIONES» DEL PERFIL DE LINKEDIN (II)

BACKGROUND
Habilidades y Ratificaciones (*Skills & Endorsements*)
Ponga todas las Habilidades que **Linkedin** le permita y pida el máximo de ratificaciones posibles.

Extracto (*Summary*)
Un extracto puede ser la diferencia entre ser llamado para una cita / presentación de ventas y/o ser descartado de inmediato como proveedor o consultor.

Experiencia (*Experience*)
Haga énfasis en su trabajo actual y en sus trabajos anteriores más significativos o que más le ayuden a impulsar lo que hace actualmente.

Educación (*Education*)
Ponga TODO lo que haya estudiado a cualquier nivel, si en algún lugar de Internet esto es completamente relevante es sin dudas en **Linkedin**.

«SECCIONES» DEL PERFIL DE LINKEDIN (III)

OTROS

Idiomas

Si es nativo en Español, fluido en Ingles, recibió clases de Francés, estuvo en Italia, vivió en Brasil y eso se refleja en diferentes idiomas en distintos niveles, déjelo saber, nunca se sabe quién pueda considerar esto como un punto extra.

Organizaciones

Manifestar cuales son las organizaciones que usted apoya, dice mucho de estilo empresarial y enfoque profesional, así que no lo deje como un campo vacío.

Voluntariados & Causas

Ser o haber sido voluntario de una ONG internacional es tan importante como haber trabajado para una multinacional. No deje que algo valioso pase desapercibido.

Cursos

Los cursos son en algunos casos más relevantes por su especificidad que un Postgrado. Dígalo.

Certificaciones

Si parte de su proceso de venta como individuo o representante de una organización, depende que usted sea certificado por SAP, ADOBE, HUBSPOT, SALESFORCE, GOOGLE, FACEBOOK o LINKEDIN, escribirlo en su perfil puede que no le ayude en primera mano pero quizás le ayude en segunda mano.

Puntajes en Pruebas

En algunos países, contextos o momentos, resultados como los de un TOEFL, SAT, GMAT, deben poder hacerse públicos para algunos procesos. Tal vez más para procesos de carrera que comerciales pero obtener puntajes satisfactorios no deja de ser relevante.

Honores & Premios

¿Le dieron una medalla, un diploma o una felicitación publica en bachillerato, el ejército, la universidad, un postgrado o en su trabajo?. Si le daba pena o no sabía dónde eso cabía, **Linkedin** le abre un espacio para hacerlo siempre y cuando ayude con metas comerciales o de carrera.

Proyectos

Las palabras claves ayudan al posicionamiento natural en buscadores. Si está en proyecto relevante o va a estar en un proyecto relevante anúncielo.

Publicaciones

¿Ha publicado algo?. Regístrelo y muéstrelo.

Patentes

¿Ha inventado algo?. Dígalo y demuéstrelo.

Información adicional >Interés, Detalles Personales, Consejo para ser contactado.

Siempre nos hace falta espacio para poner eso de lo que no nos acordamos o que es importante pero no prioritario, bueno, eso va a aquí. En todo caso, siempre, manténgalo relevante.

«SECCIONES» DEL PERFIL DE LINKEDIN (IV)

RECOMENDACIONES → Las recomendaciones actúan no solo como una herramienta de comunicación y "garantía de calidad" personal en el ámbito profesional sino que son piezas de contenido especiales que ayudan a fortalecer el proceso de carrera o el proceso comercial. Téngalo presente.

CONEXIONES → Las conexiones son el corazón del *networking* y uno de los ingredientes claves de éxito en **Linkedin** en cualquiera de sus aplicaciones, incluyendo claro, cualquiera de las acciones de la mezcla de mercadeo.

GRUPOS → Aunque hay que reconocer que los grupos como "concepto" u "objeto" de interacción en las redes sociales son más divertidos y dinámicos en Facebook, en **Linkedin** adquieren una fuerza especial orientada a la innovación y el *co-working, convirtiéndolos* en piezas fundamentales de la construcción colectiva y la creatividad corporativa si se usan apropiadamente en tareas, actividades, proyectos, programas, campañas, equipos, áreas, departamentos relativos a la comunicación integrada de mercadeo.

FOLLOWING → Seguir personas, noticias, empresas, universidades se vería como un acto impulsivo, mecánico e inútil en cualquier red social menos en **Linkedin** .

Influencers: Son individuos seleccionados o autorizados por **Linkedin** para hacer publicaciones de contenido, bien por su relevancia global o local como por su reputación. Vale la pena seguir varios.

News: Siempre hay que estar bien informado pero si se trabaja en los negocios y son noticias de negocios el panorama de seguir una noticia es mucho más significativo. **Linkedin** es actualmente uno de las plataformas de publicación de contenido más importantes del mundo a partir de esto.

Companies: Todos tenemos marcas que deseamos y empresas que admiramos, bien para poseer sus productos o para referenciarnos de sus prácticas. Seguirlas es un placer pecaminoso que créanlo o no da frutos gracias al algoritmo de **Linkedin**.

Schools: Reconózcalo, hay universidades y escuelas de negocios que secretamente desea o deseó para pregrado o postgrado. Con *Linkedin for Education (Youniversity)*, las Universidades y sus escuelas están más conectadas que nunca con los profesionales del mundo de los negocios y las empresas.

CONFIGURACIÓN DE UN PERFIL DE LINKEDIN

Además del hecho de que se necesita al menos un perfil «escueto» configurado para todos los esfuerzos de mercadeo en **Linkedin**, también se puede usar el perfil como una especie de caja de arena para probar diferentes funciones/funcionalidades de **Linkedin** o sus características. La creación de su propio perfil le ayudará a entender los perfiles desde la perspectiva del usuario. Se necesita saber qué es lo que los usuarios ven, hacen, como lo hacen, y que les gusta o disgusta del sitio con el fin de entender lo que funciona (y lo que no) en el mundo del mercadeo en **Linkedin**.

INFORMACIÓN BÁSICA

Los usuarios deben proporcionar un nombre y dirección de correo electrónico (además de información demográfica muy básica) para registrarse en **Linkedin**; casi todas las demás piezas de información son opcionales o en algunos casos simplemente no activarla, pero una vez activada, no es posible inactivarla. El perfil básico incluye información que requiere pensar muy poco, lo que mencionábamos como demográfica básica y similares. Aunque hay campos obligatorios, muchos pueden simplemente no ser llenados.

EXTRACTO

Haga lo que haga, nunca deje el *Summary* (Extracto) en blanco o limitarlo a unas pocas frases sin sentido. Esta es su oportunidad de ser creativo y describir lo que es y lo que le apasiona. ¡Hágalo personal!, aunque también se detallan los principales logros que no quiere que nadie se pierda. Puede parecerle que no tiene nada que ver con el mercadeo en **Linkedin**, pero considerando que las marcas personales son las que hablan por las marcas corporativas, debería pensarlo de nuevo y pensarlo bien.

EXPERIENCIA & EDUCACIÓN

Linkedin de forma natural y orgánica ha ido dejando de centrarse exclusivamente en «profesionales titulados» y más en cualquier persona que haga parte de la fuerza de trabajo mundial. **Linkedin** se ha hecho mucho más diversa con respecto a la demografía, geografía y psicografía de sus usuarios. Las secciones de estudio y trabajo han ido evolucionando poco a poco para concentrar una base de miembros auténticamente diversa, que, es finalmente donde surgen las oportunidades tanto para personas como para empresas. **Linkedin** no tiene un límite para experiencia de trabajo o formación académica porque **Linkedin** (aunque erróneamente se toma por un *Curriculum Vitae*) no es un *Curriculum Vitae* sino una plataforma que contiene información que en algunos casos se usa para tal propósito. **Linkedin** y sus voceros son enfáticos al decir que la vida y el trabajo están unidos y que en ningún caso, ninguno de los dos (vida o trabajo) se pueden mostrar solos o separados en una línea rígida de eventos históricos sino más bien como un lienzo que se puede/debe ir modificando en la medida en que se van dando experiencias o formación. TODO lo que se estudia o en lo que trabajamos es significativo en algún momento de nuestras vidas y nuestros trabajos y cada pequeña acción puede ser determinante en el futuro de las oportunidades de negocios. **Linkedin** o mejor dicho, el algoritmo de **Linkedin**, utiliza esta información para buscar información relevante para el usuario y sus propósitos dentro del sitio.

Hay un vínculo fundamental con las acciones de mercadeo desde el perfil y es que, si la empresa para la que una persona trabaja o la institución en la que alguien estudia, tiene una página en **Linkedin**, los campos de edición van a buscar, pre-cargar y mostrar por nombre completo (palabras claves o *metatags*) las alternativas de empresa por nombre. Al seleccionar la correspondiente y asumiendo que dicha Página tiene un buen estado, no solo va a desplegarse el NOMBRE DE ORGANIZACIÓN o MARCA direccionado con un vínculo a la Página en **Linkedin**, sino que va a mostrase el LOGOTIPO, también vinculado a la Página en **Linkedin**. Esta es una opción que pocos conocen, descubren, usan u optimizan y es estratégico, táctico y significativo. Las cajas de descripción hay que llenarlas, no solo para aprovechar los espacios «vacíos» que sirven para hacer comunicación de marca o comunicación comercial poniendo PALABRAS CLAVES que son uno de los «combustibles de las redes sociales, sino también cargar MEDIOS ENRIQUECIDOS a manera de archivos o vínculos que son lo que contribuyen al mercadeo de contenido. Los desplegables, si bien no son tan poderosos como los MEDIOS ENRIQUECIDOS y las PALABRAS CLAVES, es mejor usarlos que dejarlos vacíos. Recuerden que el reclutamiento es en si mismo un ejercicio de mercadeo y ventas cuyo enfoque no es vender un producto o un servicio sino promover y posicionar «Marcas Empleador», por eso, cada micro-acción en una red social como **Linkedin** afecta el ecosistema de mercadeo tanto como de Recursos Humanos en un ejercicio comunicacional integrado. Considerando que cada vez más empresas y personas recurren a **Linkedin** para conseguir trabajo o conseguir nuevos talentos, esto es una oportunidad de oro para llegar a nichos especializados en el mercadeo y venta de productos o servicios.

SEGUIR *INFLUENCERS*, NOTICIAS, ORGANIZACIONES Y ESCUELAS

Los «gustos funcionales» manifiestos en **Linkedin**, diferente a los *likes* de Facebook que tienen un énfasis más inclinado al entretenimiento, es que son orientados a la información. Mientras que en Facebook los usuarios siguen cualquier cosa especialmente porque les gusta, en **Linkedin**, lo que seguimos es porque nos sirve. En ambos casos, el gusto no excluye la utilidad y viceversa pero la naturaleza propia de cada red social determina el énfasis de lo que seguimos. No es lo mismo seguir a Nike en Facebook que seguirlo en **Linkedin** y sería muy raro buscar y encontrar películas o series de televisión en **Linkedin** o igualmente «raro» buscar y encontrar Revistas de Ciencia en Facebook. Pero aunque se diera el caso de encontrar lo mismo en ambos lugares, el matiz de la misma cosa en cada canal/contexto, es diferente por su aplicación: o vida o trabajo, divertido o útil, pasar el tiempo o invertir el tiempo.

De cualquier manera es tan sencillo buscar y agregar «objetos del deseo» en **Linkedin** que en Facebook y en algunos aspectos las plataformas no son competencia sino complementos y así debe verse, como parte de un ecosistema, como parte de la mezcla de mercadeo. Lo interesante y práctico de los *Likes* en **Linkedin** (*Follows*) es que son integrados por el algoritmo de la plataforma no solo para mostrar anuncios sino para generar oportunidades claves de negocios o contrataciones.

Linkedin es una empresa cuya filosofía corporativa y de operación tienen intrínseca la innovación de la plataforma, por lo que permanentemente, se ven pequeños y grandes cambios, no solo en los perfiles profesionales, las Páginas de Empresa y las soluciones internas o externas de negocios sino en plataformas paralelas (este es el caso de *Linkedin for Educaction*, *Pulse*, el *Blog*, *Maps* o *Slideshare* entre algunos). **Linkedin** además es abierta a recibir *feedback* de los usuarios, pero lo fundamental es que escuchan a la gente e implementan cosas atractivas y útiles. En **Linkedin** cada cambio es realmente útil y favorable para la carrera de la gente o el desarrollo de negocios y empresarial.

No parece muy claro de parte de **Linkedin** porque ellos no hablan de «LIKES» sino de «FOLLOWS» cuando al parecer son «lo mismo» pero se trata muy seguramente de formalidad y de diferenciar plataformas. Independiente de esto, con cada «suscripción» se reciben notificaciones que pueden detenerse dejando de seguir lo que se está siguiendo.

INFORMACIÓN DE CONTACTO

Aunque algunos le presten poca atención para el mercadeo o los negocios y otros le den demasiada importancia para lo personal/profesional, la sección de información de contacto es de las más importantes y, mal manejada, es de las más sensibles. Para muchos usuarios puede resultar útil para buscar y conectar con viejos amigos o tomar comunicaciones

Si usted es un vendedor, TODA su información de contacto debe aparecer, estar completa y clara, de tal manera que sea parte integral y útil de su comunicación. Fallar en el contacto invalida muchos esfuerzos de captura de contactos o esfuerzos de comunicación. Es útil saber cómo funciona esta sección que si bien no es complicada siempre genera dudas y puede verse intrincada. Lo que si debe quedar adicionalmente muy claro después de que se ha puesto la información es decidir (no bloquear) que será público o que será solo para los contactos.

El CORREO ELECTRONICO no es solo esencial sino que es mandatorio-obligatorio, pues es entre otras cosas y en algunos casos la única manera de recuperar una cuenta que ha sido bloqueada o «*hackeada*»; además, es indispensable para registrarse en el sitio y queda registrada esa cuenta por defecto hasta que se modifique. Todo el resto de información es voluntaria o sugerida que puede controlarse para determinar quién puede o no puede verla. Es recomendable cruzar redes sociales poniendo en **LINKEDIN** *urls* (https://en.wikipedia.org/wiki/Uniform_resource_loca tor) de FACEBOOK y TWITTER.

Los ajustes de privacidad que están fuertemente ligados a la información de contacto, permiten dejar completo el perfil y luego adaptar apariencias a determinados grupos o listados.

AJUSTES MODALES Y DE PRIVACIDAD

Junto con la capacidad de agregar y compartir toda esta información en línea, **Linkedin** también creó formas de mantener algunas secciones de un perfil más privado que otros. Algunas personas ponen barreras que reflejan el trabajo real sólo aceptando contactos que personalmente han conocido. Es la forma más sencilla de compartir lo que se quiere con quien usted quiere, sin embargo, hay que utilizar **Linkedin** de forma integrada en la configuración de privacidad y las listas de contactos. La configuración de privacidad permite controlar quién puede ver su información de contacto; también permite controlar quién puede ver su información profesional, incluyendo cosas como el día y mes de cumpleaños, estado civil, etc. Igualmente, permite determinar quién está autorizado a publicar en su espacio, crear etiquetas, hacer menciones o ver su perfil tanto en **Linkedin** como en los resultados de búsqueda públicos, incluyendo su foto y muchas otras piezas de información más. La configuración de privacidad también permite ver qué «aplicaciones» se están ejecutando en su perfil y ajuste la programación de estas aplicaciones, o bloquear - eliminar aplicaciones antiguas que ya no usa o desea. Para los vendedores, entre más abiertas mantenga sus opciones de privacidad, mayor cantidad de contactos se pueden recopilar o utilizar para su orientación.

GRUPOS Y LISTA DE GRUPOS

Para ajustar la configuración de privacidad más fácil, se puede hacer de forma masiva y asignando un orden al momento de mostrarlos como prioridad. Se hace aún más fácil la administración pensando en ajustes de visibilidad, contactos y actualizaciones. También puede crear excepciones a la configuración para permitir que sólo unas pocas personas puedan ver ciertas partes. Los grupos por su membresía o manera de entrar los miembros se dividen en 2: «Auto-Join» (GRUPO ABIERTO) o «*Request to Join*» (SOLO MIEMBROS); esto determina también criterios de privacidad fundamentales por lo que hay que tenerlo en cuenta.

INTERACCIONES EN EL PERFIL DE LINKEDIN

Hay muchas maneras en las que usuarios de **Linkedin** interactúan con su marca en **Linkedin**, puede ser a partir de una página, aplicaciones o anuncios. Sin embargo, la interacción usuario - usuario es en realidad un poco más limitada, a pesar de la categorización de **Linkedin** como una red social. Los Contactos en **Linkedin** son conexiones de dos vías; es decir que un usuario solicita como contacto a otro usuario y espera la aprobación antes de que puedan compartir o interactuar de una manera significativa. Una vez que la conexión ha sido establecida, los usuarios pueden utilizar para comunicarse toda las funciones que se los permitan, como Mensajes Directos vía *Linkedin Inbox*, que es básicamente un email integrado a la plataforma pero no hay que escribir la dirección de email para mandar el mensaje, simplemente indicar envío de mensaje y/o escoger nombres, lo demás funciona igual con el «Asunto» y el «Cuerpo», **Linkedin** sin embargo no permite adjuntos, tiene sentido pues el contenido se mueve usando **Linkedin** pero a través de otros canales. El espacio preferido y sugerido de comunicación para los Nativos de **Linkedin** son las actualizaciones y publicaciones abiertas que se hacen en «el muro de **Linkedin**» (2,3). **Linkedin** es un sitio basado en conexiones, de ahí precisamente su atractivo, pero se está moviendo cada vez más hacia canales más abiertos de comunicación. Los usuarios que son Nativos de **Linkedin** se integran en este cambio, creando y comunicando oportunidades. Las publicaciones o actualizaciones en «el muro de **Linkedin**» son como leer boletines de email mercadeo pero que toda nuestra red puede ver; además están los CLASICOS Factores de Enganche/Social Media *Engagement* que hicieron famoso a *Twitter* y Facebook...

con nombres iguales, similares o distintos pero conservando el objetivo original que se ha vuelto un estándar en las redes sociales> LIKE – COMMENT – SHARE 🔲 cambiaron el panorama de interacción humana y esto se ha extrapolado al consumo de contenido y por esa misma vía a la comunicación de MERCADEO. En **Linkedin** no está «bien visto» publicar fotos informales a no ser que se trate de fotos informales en eventos formales o corporativos que estén alineados a una estrategia de marca, pero, si se publican a través de *Influenciadores* o *Linkedin Publishers* (estos últimos, seleccionados y autorizados por empleados de **Linkedin**), artículos en un abanico gigantesco de temas que van más allá de un texto de 140 caracteres. Mientras más gente publica, disfruta, comenta, comparte y *viraliza* información, más contactos a todo nivel se enteran de lo que estamos haciendo, en que somos buenos que es lo que interesa en el ámbito profesional, empresarial, de negocios o de mercadeo. Así, se construye reputación y se favorece el posicionamiento. Como una regla social-digital generalizada y aceptada, todo el mundo quiere tener que ver con todo el mundo en las redes sociales y desde la aparición de estas mismas, pero mientras que en el mundo de Facebook prima el «entretenimiento», en el mundo de **Linkedin** priman las oportunidades. En **Linkedin** todos quieren un pedazo de esta inmensa torta de oportunidades que se generan cada segundo y el «*Muro de Linkedin*» (PANEL DE ACTUALIZACIONES» o de «ALIMENTACION») es la otra cara de la moneda respecto al perfil, es el *Front Stage* de **Linkedin**.

CAPITULO
06

BÁSICOS
DE LAS PÁGINAS
EN LINKEDIN

BASICOS DE LAS PÁGINAS* EN LINKEDIN: Una página de **Linkedin** no solo es clave sino que es LA CLAVE para el mercadeo en **Linkedin**; además, para muchas de las estrategias de mercadeo de medios sociales y probablemente se convertirá en el centro de atención para una gran parte de los esfuerzos, de imagen, *branding*, de campaña y de promoción corporativa. *Twitter* y Facebook son grandes para cambios rápidos, pero para hacer «*StoryTelling*» empresarial, **Linkedin** es una pieza fundamental. Los usuarios en general han tenido que hacer <u>clic</u> en otro lugar, pero una página de **Linkedin** permite integrar varios elemento-factores de mercadeo empresarial en un solo lugar idóneo, mientras que también ofrece *customizacion* completa y variedad de interacciones. Muchas marcas han migrado parcial y lentamente a utilizar «*Tabs*» de **Linkedin** en lugar concentrarse tanto en las viejas estáticas Páginas Web tradicionales que se han vuelto destinos aburridos (en el mejor de los casos), las personas buscan interacción real y algunas funciones de **Linkedin** dan una sensación de integración «social», usualmente son fáciles de actualizar, y son especialmente útiles para campañas donde «el contenido es la nueva publicidad». Pero incluso si prevé ofrecer otro tipo de información, a través de pestañas en las Páginas de Empresa de **Linkedin**, aún se debe invertir tiempo serio, por ejemplo en la descripción de productos y servicios (aunque la pestaña especializada para esto ya fue retirada) y espacios de carreras que son una manera de lograr *viralizar* una marca de empresa a través de ofertas de trabajo interesantes y relevantes; en cualquier caso, deben destinarse recursos de tiempo, personas o dinero en preparar la *customizacion* de la Página de Empresa en **Linkedin** para una compañía. Construya su página para el éxito desde el primera momento poblándola con gran cantidad de contenido optimizado y desarrolle una estrategia de contenido para mantenerlo fresco y de paso también fresca la página de su organización. Como los recursos son valiosos, se dejará pasar tiempo en el que usted o su compañía puedan actualizar y hacer mantenimiento y las entradas variaran según las metas o política de revisión/renovación de la página; todo lo anterior es fluctuante pero se recomienda -por supuesto- que sea constante. Revise y actualice cada cuarto de año a finales de Marzo, Junio, Septiembre, Diciembre (*Quarters* I, II, III, etc).

Linkedin, detalla las normas estrictas sobre quién puede tener un perfil en **Linkedin**, esto es igual o similar a todas las redes sociales. En sus inicios, **Linkedin** era un sitio relativamente cerrado accesible sólo para profesionales; cada usuario era un individuo y cada profesional tenía un perfil único. Cuando **Linkedin** empezó a abrirse a todo tipo de personas en ámbitos de trabajo, las marcas empezaron a ver algo que merecía la atención y las empresas desde entonces se han apresurado a ver el potencial de llegar nichos especializados de manera diferente y eficiente. En ese momento, **Linkedin** no estaba anticipando ser una «marca pesada» o una «empresa reconocida» o una «red social líder» de la que tanta gente quisiera ser parte; la plataforma de anuncios de **Linkedin** (similar en algunas cosas a Facebook) ha sido de los pocos «guiños» a la comercialización servicios. Así que los perfiles profesionales de la gente con roles de vendedores o empresas que creaban perfiles (cuando los perfiles están diseñados para las personas) se habían convertido en una rara y apetecible opción disponible en ese momento en una plataforma que apenas mostraba signos de crecimiento. Esto ha evolucionado y ha funcionado, en algunos tiempos mejor que en otros; los profesionales independientes, los pequeños empresarios, las marcas locales podían empezar al menos, a «volar por debajo del radar». Sin embargo, el mantenimiento de «Perfiles Profesionales» de «entidades no humanas» es tonta y torpe (es decir, por ejemplo, cómo responde una empresa a la pregunta: ¿dónde estudió?; las preguntas del perfil no podían ser respondidas por empresas sino por personas, la única excepción valida ya mencionada es quizás la de una «Mascota» que sea portavoz de una marca. En la medida que **Linkedin** comenzó a tomar nota de las marcas/empresas que se hacían pasar por personas, inteligentemente propuso y creó un lugar en su sitio (3,1), así, en lugar de advertirle a las empresas con «perfiles de personas» que debían retirarse por abusar de los Términos de Servicio, diseñó una alternativa para que los Términos de Servicio fueran otros y en otro contexto, y, que esto no impidiera aprovechar una gran oportunidad que había llegado como una revelación por parte de múltiples usuarios inconformes pero proactivos. Esto cambiaria todo el panorama y sentaría un hito para **Linkedin** y para las Redes Sociales como ecosistemas digitales que contienen lo empresarial, corporativo, comercial, de comunidades de consumidores, comunicacional, de mercadeo, marcario y publicitario (sin contar con el *Networking* y el *Engagement* que viene por defecto o como resultado de todo lo anterior).

Los términos de las Páginas de Empresa en **Linkedin** se establecen claramente como parte general de los Términos del Servicio que se aplican para todos los usuarios en toda la plataforma aquí>
https://www.linkedin.com/legal/user-agreement

Y, si quedan dudas, se puede recurrir al *"Company Pages - Frequently Asked Questions"*>
http://help.linkedin.com/app/answers/detail/a_id /1561/~/company-pages---frequently-asked-questions

DIFERENCIAS «OBVIAS» ENTRE PERFIL PROFESIONAL y *PÁGINA DE EMPRESA* EN LINKEDIN

La forma más fácil de determinar qué diferencia una página frente a un perfil es comparar los «verbos» que **Linkedin** utiliza para que las personas o entidades interactúen en el sitio: CONTACTO (Contactar), SEGUIDORES (Seguir). Una cosa es la persona con la que usted estudio y/o trabajo (*«Co-Workers»* / *«Colleages»*) y otra muy distinta la persona que usted ha enganchado como marca – empresa y a quien le comunica de manera casi impersonal lo que hace su organización o campaña. Ciertamente, tampoco una persona en **Linkedin** puede agregar como CONTACTO a una marca o empresa y a su vez una marca o empresa pueden obligar a un usuario a ser su seguidor. **Linkedin** cambia con regularidad (no radicalmente) pero siempre en cada Página de Empresa habrá información que le permitirá saber sobre que es la Página y es demasiado obvia y diferente la razón por la cual un Individuo no puede ser Contacto de una Empresa y una Organización no puede meter como Seguidor a un Usuario. Probablemente las Mascotas de Marca, Figuras Públicas o Celebridades sean las únicas excepciones o casos donde funcionaria bien tanto una Página como un Perfil... un ejemplo extraordinario es el Consultor que ha usado además su nombre como Compañía Consultora pero esto no se ve a menudo y si los consultores lo descubren estarían frente a una oportunidad de comunicación o alternativa en la mezcla de mercadeo que es además de muy poderosa, subutilizada .

Es raro (en todos los sentidos de la palabra) que una persona corriente se vuelva un contacto del presidente de su país (en Facebook hacerse Amigo del Presidente del País es igualmente extraño aunque sería bastante normal ser un seguidor en *Twitter* y al menos por ahora sería extraño que estuviera en *Pinterest*; agregarlo a un circulo en Google+ suena más pertinente); a pesar de que figuras presidenciales como Barack Obama {http://en.wikipedia.org/wiki/Barack_Obama} en realidad tienen un Perfil Profesional bastante activo en **Linkedin**, no importa que tan «cerca» esté usted de él por grados de separación (2º / 3r) {http://en.wikipedia.org/wiki/6_degrees_of_separatio n_phenomenon}, puede pasar una de dos cosas o dos cosas: 1. Simplemente van a ignorar su petición de contacto / 2. Acepten su petición de contacto pero al menos para el lado del más «popular» (es decir el presidente de su país), usted va a ser insignificante o poco relevante. Claro, como todo hay excepciones pero las excepciones son tan raras como la solicitud en sí misma. Lo que si sucede en **Linkedin** es que usted puede ser INFLUENCIADO por el contenido publicado por Barack Obama como INFLUENCIADOR (que es un perfil profesional normal con optimizaciones especiales diseñadas y autorizadas por **Linkedin**). Entonces, tal vez usted decida ser contacto del presidente y él lo acepte pero para casos como este, «Seguirlo» en la dinámica INFLUENCIADOR – INFLUENCIADO, sea mucho más sano y práctico para él y para usted. En términos de mercadeo -de marca personal o de la marca corporativa de su empresa donde el vocero principal es usted-, lo que puede y debería intentar, es convertirse en INFLUENCIADOR, eso, seria, aparte de muy útil para el posicionamiento, muy *Cool* para usted tener INFLUENCIADOS masivamente. Desafortunadamente, volverse *Influenciador* es más difícil que ser Influenciado.

¿...QUE/QUIEN REQUIERE UNA PÁGINA Y NO UN PERFIL?

En síntesis, todo lo que no es un humano en sí mismo (sacando como dijimos, políticos y/o celebridades), requiere una Página (o un grupo, en su defecto, según el objetivo; pero ese último entra en otro momento de este libro).

TIPOS DE PÁGINAS DE EMPRESA
(¿...SEGÚN EL TIPO DE EMPRESA?)

Es mejor no acercarse / pegarse demasiado a etiquetas que la gente o las organizaciones van a va a deducir de todos modos. **Linkedin** no tiene una taxonomía amplia para los tipos de empresa o tipos de Páginas de Empresa. Para el usuario estándar o usuario final, quien decide hacerse seguidor, realmente es poco relevante la categoría de Página de Empresa que se decida poner; sea de un Local / Lugar, Compañía / Organización, / Institución, Marca de Producto o Marca de Servicio, Celebridad o Figura Publica, la gente que los va a seguir lo hará con o sin etiquetas de «TIPO DE...». Las Causas o Comunidades van mejor como Grupos que como Páginas de Empresa. Facebook es más versátil con las categorías de las Páginas de Fans, que **Linkedin** con las Páginas de Empresa, este es más enfático en las descripción y la optimización con textos de palabras claves y bloques de medios enriquecidos + publicaciones. La configuración de información en la suite de Páginas de Empresa en **Linkedin** es otra cosa y no cabe la explicación aun, sin embargo, se hacen algunas preguntas muy básicas que muestran lo mínimo que la Página debe tener para estar «al-aire». Hay información que no se puede cambiar después de haber creado la Página pero en **Linkedin**, campos como el nombre de la empresa se pueden cambiar sin problema en cualquier momento (hasta ahora por lo menos); de cualquier manera, sea claro con el nombre desde el principio y que las descripciones estén alineadas con lo que se desea lograr e ir ajustándolas en la medida que pase el tiempo (como actualizaciones periódicas).

CREAR Y *CUSTOMIZAR* UNA PÁGINA DE EMPRESA EN LINKEDIN

Una vez elegido un nombre para la página de empresa y la categoría básica, es el momento de personalizarla e ir poniendo o creando contenido. No es necesario difundir la página de inmediato, puede mantenerla «en silencio» mientras aprende. Debido a las opciones de personalización (3,5), es útil pensar primero lo que debería poner o pre-diseñar antes de comenzar. Aunque suene prematuro, trate paralelamente, de desarrollar una estrategia de contenido y un calendario que incluya publicaciones automatizadas (Revisar: Hootsuite.com e IFTTT.com). Usando *«feeds»* de sitios externos, como RSS de su blog o de otros Blogs.

Linkedin tenía una serie de aplicaciones para activar como parte de las Páginas y los Perfiles, pero las ha ido validando, cambiando, agregando, reduciendo o quitando; ya prácticamente estas aplicaciones no se ven o se encuentran en fases «beta» de revisión sin saber si las van a volver a poner, a futuro, tal vez lleguen reemplazos interesantes y útiles; pero, en términos de mercadeo, no está muy claro aún el rol de las aplicaciones en **Linkedin**.

Hay un sitio de **Linkedin** donde se puede encontrar más información acerca de las *Páginas de Empresa de Linkedin>* www.linkedin.com/company/ - http://business.linkedin.com/mercadeo-solutions/company-pages/. Dentro, **Linkedin** ofrece consejos y recursos para los administradores de las Páginas de Empresa en **Linkedin**.

LINKEDIN *COMPANY PAGE* «TABS» (BÁSICOS)

De alguna forma, similar a los perfiles, las Páginas tienen «*tabs*» o espacios de información principales: el «Acerca de» / «Home», «Carreras», El «*Muro de Linkedin*» y el «como estas conectado», Las personalizaciones son limitadas en **Linkedin** a no ser que se trate de desarrollos especiales autorizados a los cuales pocos acceden.

«MURO»
El «muro» que no es en si una pestaña/ficha se abre de manera predeterminada como destino *estándar* en la pestaña/ficha «Home» de la Página de la Empresa en **Linkedin**. Aquí, la gente puede ENGANCHARSE con mensajes o contenido público e incluso ofertas laborales, posteado esto a través de la funciones ya clásicas en las redes sociales LIKE, COMMENT, SHARE,... / Los administradores de la Página pueden actualizar su estado (*Status Updates*) que son otro de los pequeños grandes inventos de la era de las redes sociales. Es posible explorar publicaciones pasadas pero no es fácil encontrarlas si son muy antiguas pues el «*scrolling*» requiere que sea manual y la función de búsqueda no va bien para este propósito. Las empresas no pueden seguir empresas o personas, por lo que lo que las empresas publican solo puede ser visto como usuarios-persona y no como rol-empresa. Incluso si una persona no es seguidora de una empresa en **Linkedin** igual puede ver lo que se publica e interactuar con contenidos dentro de la Página pero no recibirá actualizaciones o «*news*» en el «FEED» de su propio muro hasta que se haga «*Follower*» de la empresa en su Página de **Linkedin**.

INFORMACION

La ficha de «Home» muestra la totalidad de su empresa o información de la marca. Facebook irónicamente en este sentido es mucho más robusto y completo, aunque tal vez no deberíamos decirlo aquí ☺. Los Textos o Bloques disponibles en esta ficha, dependen también, de cierta forma, del tipo de empresa o categoría de Página que haya elegido. Todo lo que se publica en **Linkedin** es *Indexable + Indexado* en Motores de Búsqueda como Google, así que no importa si usted publica como individuo o como empresa, tenga cuidado con lo que pone y difunde.

FOTOS

No hay y probablemente no habrá nunca o en mucho tiempo con características especiales, un «*Tab*» de Fotos en **Linkedin**, parece como si estas fueran un elemento de <u>distracción por diversión</u> en una plataforma destinada a los negocios. **Linkedin** aparentemente «reemplaza» el deseo o la intención de los usuarios de poner fotos dando la opción de cargar en el perfil «MEDIOS ENRIQUECIDOS» *multiformato*. Si usted tiene una idea que le funcione a **Linkedin** para integrar fotos con un criterio «profesional» puede sugerirlo como retroalimentación **(https://help.linkedin.com/app/home/loc/ft/trk/biz-overview-internal/)**

APLICACIONES PARA LAS PÁGINAS DE EMPRESA EN LINKEDIN

Linkedin viene *precargado* con varias aplicaciones desarrolladas por **Linkedin** o por desarrolladores externos o «Partners», estas incluyen más aplicaciones, otras plataformas, sistemas como *dashboards*, medios / sitios *multiformato*, medios tradicionales en versión *online*, blogs y publicadores de contenido: *Behance*, *Evernote*, *Hootsuite*, *Photobucket*, *The Economist*, *Wordpress*, y creciendo.

Algunas existían antes de la introducción de las redes sociales o las Páginas de fans o de empresa.

La funcionalidad de las aplicaciones es usualmente bastante auto-explicativa: la mayoría permiten que usted cargue contenido o lo maneje. La estrategia o táctica de Mercadeo en **Linkedin** debe sin embargo ir más allá de las aplicaciones básicas.

APLICACIONES CUSTOMIZADAS

Linkedin permite a desarrolladores que están autorizados, crear aplicaciones que deben ser aprobadas. Dependiendo de su tamaño, presupuesto y estrategia, es posible que desee desarrollar aplicaciones propias – personalizadas para Páginas o perfiles o, simplemente, tomar el control de la personalización de tabulación y diseño. Algunas aplicaciones disponibles pueden ayudarle a poner en marcha rápidamente campañas (w. *Hootsuite*) o añadir más contenido inteligentemente (w. *Wordpress*), proporcionan un poco más de control. **Linkedin** desafortunadamente no tiene aplicaciones para insertar «*tabs*» de aterrizaje como escenarios persuasivos o formularios de captura de datos, pero estamos seguros que ese desarrollo llegará.

De cualquier manera, en la medida de lo posible, es mejor diseñar aplicaciones propias sobre las que se tenga control.

APLICACIONES CUSTOMIZADAS PARA LOS USUARIOS

Algunas aplicaciones se han diseñado para la interacción de los usuarios y pueden estar sólo tangencialmente relacionados con su marca. Por ejemplo, SLIDESHARE que hace parte del portafolio-sombrilla de **Linkedin** es una plataforma ideal para hacer *Branding* de Contenido, lo que se publica en *Slideshare* queda visible en algunos casos automáticamente y en otros casos manualmente en el Perfil Profesional o en el *Feed* de **Linkedin**. En el sentido inverso, algunos Medios Enriquecidos puestos en **Linkedin** tienen como repositorio a *Slideshare* aunque esto funciona internamente y no está muy claro de cara al usuario, por lo que pocos lo saben y por consiguiente no se tiene mucho control. La buena noticia es que tanto **Linkedin** (empresa & plataforma) así como *Slideshare* siendo Producto/Marca de **Linkedin** son seguras y «limpias» por lo que la interacción del usuario en cualquier vía, es segura y por supuesto también la presencia de marca y de empresa a través de lo que se publica. **Linkedin** no acepta a cualquier desarrollador como «PARTNER» pero si su aplicación es fundamental para su marca se puede hacer un esfuerzo de programación & diseño y solicitar ser considerado y aceptado por **Linkedin**.

OTRAS APLICACIONES IMPORTANTES QUE FUNCIONAN EN COMPAÑIAS
- Apply with Linkedin
- Sign In with Linkedin* / Log In with Linkedin*
- Autofill with Linkedin

OPTIMIZACIÓN DE LINKEDIN (LIO) / «LINKEDIN SEO»

(FUNCIONA PARA PERFILES y PARA Páginas)
Para maximizar el retorno de su inversión (ROI) en **Linkedin**, usted quiere asegurarse de que está recibiendo visitas que mantienen una base de miembros en su/sus Páginas de Empresa o perfiles. Para ello es necesario aplicar una optimización básica del motor de búsqueda interno de **Linkedin** que esta «pre-conectado» con buscadores tradicionales como *Google* o *Yahoo* (SEO), incluyendo como palabras clave, conocimientos, habilidades, descripciones de productos o servicios, nombres de marca, medios enriquecidos (que se indexan también pero de manera diferente) como contenido, esto puede ser pagado u orgánico pero usualmente lo orgánico toma más tiempo y lo pagado no siempre es efectivo si esta desalineado con la estrategia de mercadeo. Así, las Páginas/Perfiles y lo que se ponga en estos podrá ser «fácilmente» encontradas en Internet (como norma general).

Búsqueda Orgánica

Las Páginas de **Linkedin** así como perfiles optimizados para los negocios, las ventas, el mercadeo o el *branding* son indexados por los motores de búsqueda. **Linkedin** tiene acuerdos sólidos con Google y Microsoft para dejar su contenido social bajo una funcionalidad llamada búsqueda en tiempo real. La Página / El Perfil será visible en los resultados de búsqueda siempre que usted o su empresa hayan hecho correctamente la optimización e incluso puede ser visto por personas que no tienen una cuenta en **Linkedin**.

Búsqueda de Linkedin

El buscador interno de **Linkedin** es exigente, pero es cada vez mejor. Como pueden imaginarse, *ranquearse* bien en una búsqueda interna de **Linkedin** es más importante incluso que *ranquearse* externamente en Google. Si alguien busca su marca directamente dentro de **Linkedin**, ya sabe lo que quiere y es casi seguro que hará *click* en «SEGUIR» cuando llegue a su página. Cuando la optimización de su página de **Linkedin**, se centra principalmente en las palabras clave y en los medios enriquecidos, **Linkedin** añade otros atributos a los enlaces, por lo que es difícil dejar pasar un buen vinculo web. Un buen contenido robusto en palabras clave y medios enriquecidos es una estrategia que debe estar en el centro de su plan de optimización de Páginas, ya que ayudará a nuevos usuarios a encontrarlo a usted, a su marca o a su empresa y mantendrá a los usuarios antiguos regresando donde usted los necesita. Por supuesto, también se incluirán todos los vínculos importantes (por ejemplo a una página web, una página de aterrizaje, un formulario de captura de datos, blogs, y sobretodo, otras redes sociales, de esta manera, la gente que a usted le gustaría tener en **Linkedin** también tendrá más opciones fáciles de navegación ligadas o no a **Linkedin**.

OPTIMIZACIÓN DE LA PÁGINA DE EMPRESA (Y DE LOS GRUPOS)

La optimización de su página comienza con la configuración y continúa a través de su estrategia de mercadeo en **Linkedin**. Los siguientes puntos ayudarán a empezar una página por el camino correcto y habilitarlas para optimizarlas mejor más adelante a través del diseño integrado de información vía palabras claves y de contenido vía medios enriquecidos.

Elegir un NOMBRE de página descriptivo y un URL.
Elija un buen nombre de página (por lo general es el nombre de marca o incluso un lema) y aliente al menos un grupo de 100 personas para seguir su empresa a través de la página de empresa en **Linkedin**. **Linkedin** no permite escoger «Vanity URLs» que son URLs de la Página de Empresa personalizados sino que los asigna por defecto una vez se ha puesto el nombre, por eso hay que ser muy claros desde el principio y evitar errores obvios de sintaxis o poner cosas ridículas / vergonzosas de las que se arrepienta en un futuro y que no pueda retractarse por tener ya una gran comunidad construida que no puede darse el lujo de perder. Los URLs personalizados son importantes porque después del formato LINKEDIN.COM/... debe haber algo fácil de recordar y ligado a su marca de forma coherente y consistente.

Llenar toda la sección de INFORMACION

Asegúrese de tomarse el tiempo que sea necesario para elegir las categorizaciones adecuadas para la página de empresa de su empresa en **Linkedin**. La categoría que elija, afecta el qué y cuánto se puede agregar a la ficha de Información. Rellene TODA la sección de información y use muchas palabras claves relacionadas con sus productos, su marca, su historia, su filosofía, su misión, su visión, sus valores y sus relaciones; también, agregue todos sus sitios web relacionados, incluyendo Blogs, tiendas en línea, *Twitter*. Esto último va muy bien en las Páginas pero va mejor en los Grupos (3,11,1 y 3,11,2).

Utilizar los espacios relativos al «ACERCA DE»

Una de las características más infravaloradas y a veces olvidadas de una Página de Empresa en **Linkedin**, son esos pequeños espacios con campos predeterminados que complementan la información del «Home». Aquí también **Linkedin** y los buscadores externos indexan y reconocen palabras claves y, cuando **Linkedin** lo ha tenido o permitido, se pueden insertar medios enriquecidos *multi-formato*. Nunca se olvide de PUBLICAR PUBLICAR PUBLICAR CONTENIDO CONTENIDO CONTENIDO. Publicar Contenido es una Forma Inteligente en el Mercadeo con **Linkedin** para complementar el «ACERCA DE» y además entregar algo valioso a su comunidad de marca o su comunidad empresarial, de consumidores, clientes, proveedores, socios y grupos de interés («*StakeHolders*»). Los límites de palabras son flexibles y amplios, así que sea generoso, cuando se trata de información para decidir, las personas y las empresas valoran más lo descriptivo que lo escueto. No olvide que también puede agregar enlaces web.

Procure mantenerlo actualizado para seguir atrayendo nuevos seguidores y mantenga los contenidos como tácticos de posicionamiento y la publicación de estos como parte de la estrategia combinada de mercadeo en curso.

OPTIMIZACIÓN A TRAVÉS DE UNA ESTRATEGIA DE CONTENIDO

Para mantener su posicionamiento y llevar tráfico a su página de empresa en **Linkedin**, tiene que revisar y actualizar con «regularidad disciplinada» el contenido y la información en esta. Constantemente la página debe ser actualizada con nuevos contenidos a través de ambas publicaciones automatizadas y manuales.

Promover Contenido de forma «cruzada»
Ir más allá de simplemente incluir enlaces a su sitio web es más sencillo, creativo y efectivo de lo que se cree. Además se pueden conectar sistemas o aplicaciones de automatización de esos contenidos (ver: *Hootsuite* + IFTTT) (3,12). La sindicación de contenido o implementación del uso de RSSs de un blog o grupo de Blogs, *Twitter*, etc, puede ayudarle a poner en su «muro» de **Linkedin** (Perfil) o en el «muro» de su empresa en **Linkedin** (Página) contenido llamativo, interesante, relevante, valioso y útil; al ponerlo así, se mantiene un flujo constante de nuevos contenidos o contenidos renovados que, por supuesto, pueden llevar enlaces y generar tráfico a sus sitios sin tanto esfuerzo extra.

Fomentar el Compromiso (ENGAGEMENT)
Una parte importante de una estrategia de contenido es que este esté impulsando interacciones. Cada interacción en su página o para su empresa a través de su perfil, ya sea en forma de «LIKES», «COMMENTS», «SHARES» o REPLICAS funciona como un voto para su Página y matemáticamente al cabo de un tiempo termina convirtiéndose en el robustecimiento de su comunidad de seguidores.

Esto, también lo mantiene en sus fuentes de noticias de los miembros; a medida que interactúan con nuevos elementos, sus contactos (perfil) o seguidores (página) verán esto y serán atraídos inteligentemente donde usted les sugiera llegar o donde el algoritmo de **Linkedin** los lleve.

Mantener el contenido fluyendo

La parte más importante de una estrategia de contenido es para mantenerlo en marcha! Nadie va a interactuar con una Página de Empresa estancada o Perfiles Profesionales de personas asociadas a la empresa que están pobremente administrados. MUCHA GENTE HARA UN «UNFOLLOW» SI USTED NO ESTA ENTREGANDO CONTENIDO, recuerde que es tan fácil como hacer *click* en un botón. Un *Feed* de RSS automatizado puede ayudar, pero asegúrese de añadir contenido específico y propio de **Linkedin** también (ver: **LinkedINFluencers**).   Aquí, así, es donde realmente se puede impulsar la participación pidiendo a la gente comentar sobre Artículos, Videos, *Podcasts*, Fotos de Eventos Corporativos, Presentaciones y así sucesivamente. Esto, claro, como parte de una promoción, campaña o mediante el desarrollo y publicación de información oportuna, específica que fomenten el intercambio. Y, por encima de todo, que respondan a las expectativas y/o necesidades de sus contactos o seguidores que se enganchan con usted o con su empresa a través de usted.

PROMOVER SU PÁGINA DE EMPRESA EN LINKEDIN (I)

Usted ha configurado su página y creado una ficha personalizada y el contenido optimizado está fluyendo. Ahora es el momento de promocionar la página de empresa y convencer a la gente que deben seguirla. Las mejores promociones incorporan una combinación de lo pagado y lo orgánico así como ofertas de incentivos a través de *contenido que actúa como publicidad o publicidad que actúa como contenido*. Trate de usarlos todos según sus objetivos y recursos pero antes asegúrese de que su Página esta lista para ser presentada. Sólo asegúrese de que su página está lista para ser presentada antes de empezar a pedirle a la gente que se «una».

Publicidad Pagada

Puro y simple: usted puede comprar anuncios de **Linkedin**. De hecho, **Linkedin** espera que usted se convierta no sólo en una marca, sino también en un anunciante (ahí, radica en parte su modelo de negocio). Si usted puede destinar recursos y desea ganar seguidores, rápidamente, esta podría ser una vía a seguir. Eso sí, no puede confiar 100% en esta por sí misma si no se mezclan otras alternativas, ahí es donde entra la parte estratégica de ver y usar a **Linkedin** para esfuerzos de mercadeo.

Promoción Orgánica

Ponga inteligentemente, enlaces de su página de empresa en **Linkedin** a través de su sitio web y añádalos a la cabecera o pie de página de correos electrónicos que use para campañas de email mercadeo. Mejor aún, escriba un blog acerca de la nueva página de empresa en **Linkedin** y envié correos electrónicos a todos sus suscriptores informándoles que hay una nueva Página de empresa (de su empresa) en **Linkedin** y que está ya «en Vivo». Mucha gente probablemente habrá estado esperando por esto; puede, ya de forma tradicional o incluso «online» hacer una campaña o evento de lanzamiento, y luego colocar enlaces permanentes en el sitio web, blog y por supuesto, enlaces apropiados, funcionales en su Página de empresa en **Linkedin**. Haga esto para TODAS las comunicaciones por correo electrónico en el futuro. Es en serio ☺

Ofertas / Incentivos → A todos nos gustan las cosas gratis, y, aunque esto podría funcionar perfecto en Facebook, hacerlo por **Linkedin** puede ser de mal gusto si no se maneja muy bien alineado con su marca; **Linkedin** no es una galería o una <u>tienda en línea</u>, parece más (y de hecho se dice que es) una plataforma de «*publicación*» (*Publishers & Publications*). Por eso, si va a hacer promociones de entrega de productos físicos o prestar un servicio con «descuentos», analice a **Linkedin** para saber si es el canal o uno de los canales que puede o debe usar, si es así, adelante. Lo que si puede usar como <u>incentivo</u> es CONTENIDO (ver: SLIDESHARE.COM) y no se imagina tanto que lo valoran y lo efectivo que es como herramienta de comunicación de mercadeo; una sencilla, pero bien diseñada y estructurada Presentación, *Whitepaper*, Infografía, Manual, e-Book u otro formato similar o relacionado son muy poderosos en las redes sociales. No olvide, que debe estar de acuerdo al estilo del canal!. Ofrezca información exclusiva o presentada de manera diferente y atractiva; enganche a los seguidores de su Página con la promesa de CONTENIDO EXCLUSIVO. Yo lo he probado y es irresistible para los seguidores y, porque no, hasta divertido para la gente involucrada en el proceso (3,13). Lo vuelvo a decir, apalánquese de sus plataformas o campañas de *email mercadeo* o *entradas de blog* para dar a la gente muchas y mejores razones para *cliquear* en **EL BOTON AMARILLO DE FOLLOW** y HAGA QUE SE VUELVA **UN BOTON GRIS QUE DIGA FOLLOWING** para cientos de miles de personas. Esto último es posible porque **Linkedin** ya tiene más gente que los Estados Unidos de América. No tiene que volverse loco con «regalos» físicos cuando puede <u>regalar información</u> que enganche a la gente con su marca y los vuelva seguidores de su empresa.

Ya para cerrar, siempre, siempre esté dispuesto a ofrecer algo y hágalo.

INTERACCIONES EN LA PÁGINA DE EMPRESA DE LINKEDIN

Hay muchas formas en que los usuarios pueden interactuar con su página de empresa en **Linkedin** desde el flujo continuo de actualizaciones de estado y los mensajes o archivos que aparecen en el FEED a archivos de medios de comunicación que pueden ser comentados. Aplicaciones a la medida, especialmente las diseñadas para la interacción del usuario, también son impulsadas con *clicks*. Cada interacción trabaja para mejorar su clasificación y mantener su nombre «en lo alto» del suministro de Noticias de **Linkedin**.

«*Posteos* en el Muro»
El medio preferido de comunicación para los usuarios nativos de **Linkedin** es poner actualizaciones en el «muro», ya que estos son rápidos y fáciles de ver (3,14). También están abiertos y visibles para el público y esto es ideal para el reconocimiento y reputación, pero no tanto para quejas o reclamos. Aunque **Linkedin** en si mismo es una plataforma diseñada para servicio al cliente, se puede acercar a esto para apoyar el contacto cercano con consumidores, pero, no abuse de esto hasta que hayan espacios (*Suites*) o aplicaciones (*Plugins*) dentro de la plataforma optimizados para esto.

Comentarios sobre Aparición en Medios Tradicionales (Online u Offline)
Los miembros de su página pueden ver y comentar todo lo que suba a la página. Tomar fotos en eventos para fomentar la afición y el etiquetado cuando las personas ven a sí mismos, y lo consideran un comentario foto concurso para obtener el compromiso de ir, sobre todo desde el principio.

Actualizaciones en/de la Bandeja de Entrada

Estos mensajes no ayudan a su interacción en la Página de Empresa en **Linkedin** directamente, pero se puede utilizar para mensajes sueltos intercambiados con miembros de grupos o seguidores de la Página de empresa para mantenerlos alerta de cambios específicos que le convengan por ejemplo, a ciertos equipos de trabajo o ciertos grupos de clientes. Los mensajes internos pueden y en algunos casos deberían considerar la inclusión de enlaces para enviarlos directamente con el contenido con el que se quiere que los personajes interactúen.

Aplicaciones Personalizadas

Al diseñar una aplicación personalizada, asegúrese de pensar «socialmente», es decir, bajo el contexto de la dinámica de las redes sociales. Proporcionar formas fáciles para que los usuarios compartan los resultados de su aplicación con contactos o, invitar a otros a probarlo también. Incluya un botón de compartir en todas las etapas de la interacción con la aplicación para que los usuarios puedan publicar con ayuda de esta, o a partir de ahí, en su «suministro» de noticias en el MURO DE LINKEDIN (*Feed*).

TROPIEZO
07

PERFILES PROFESIONALES EN LINKEDIN

PERFILES PROFESIONALES EN LINKEDIN: Son tantas las personas y marcas personales habitando en **Linkedin**, que, es fundamental que un perfil profesional en **Linkedin** sea *«customizado»*. Parece obvio ya que quizás lo mejor que debe hacerse es destacar, impulsar su red, compartir los que es valioso - útil en la medida de lo posible. Todo empieza con 5 ELEMENTOS CLAVES: 1. NOMBRE y FOTO / 2. EXTRACTO y ENCABEZADO / 3. INFO DE CONTACTO + URL PERSONALIZADA / 4. ÚLTIMO TRABAJO (o ÚLTIMOS ESTUDIOS) / 5. RECOMENDACIONES & HABILIDADES; estos garantizaran al inicio, una efectividad mínima que puede maximizar resultados cuando se trata de posicionamiento, prospección y relación. Adicionalmente, **Linkedin** motiva a que se haga así, es mucho lo que se puede hacer de manera paralela, complementaria y suplementaria. Muchas otras personas, no están aprovechando al máximo las herramientas gratuitas y las funciones disponibles para ellos, por lo que un pequeño esfuerzo adicional recorrería más rápidamente el camino más largo. Debido a que **Linkedin** es innovador y está en cambio constante, también las herramientas y métodos de administración cambian, este capítulo explora y muestra estrategias y tácticas para hacer que el perfil profesional tenga presencia y empuje el posicionamiento convirtiéndose en un visita obligada, en un visita deseada o recomendada.

FOTO

La «Foto Estándar» de los perfiles profesionales en **Linkedin** es de los primeros elementos que la gente de nuestra comunidad natural u orgánica ve cada vez que entran a su perfil. Es, una imagen que ven cada vez que vienen a su perfil. Las imágenes miniaturizadas son la representación visual de su perfil profesional en distintos espacios (como el *News Feed*) donde sus contactos y marcas y empresas «interactúan» con usted. Las fotos deben ser llamativas y a pesar de lo que mucha gente piensa de **Linkedin**, pueden ser espontaneas pero no tanto como verse ridículo o donde la persona se vea tan lejos que sea igual que no tener una foto. La foto es un elemento de identificación pero también es un generador de confianza.

ACTIVOS DE DISEÑO Y DE MEDIOS
/DISEÑANDO ACTIVOS Y MEDIOS

Hay miles de herramientas de diseño que facilitan el desarrollo de piezas visuales para complementar los perfiles. Al momento de escribir este libro, **CANVA.com** quizás era uno de estos y de los más populares.

CONTENIDO DE MARCA PERSONAL EN LINKEDIN

La adición y actualización de contenido tanto en plataformas externas pero conectadas a **Linkedin** (*Slideshare*) como en las actualizaciones de estado están entre las maneras más fáciles de optimizar y personalizar su perfil profesional y apalancarse desde ahí para destacar. Piense en la «VOZ» y el «TONO». Usted es su negocio.

PATRONES DE MARCA PERSONAL

Idealmente se deben publicar nuevos contenidos cada día. Las actualizaciones de estado son una forma fácil de dar un toque personal a los perfiles profesionales con su propia marca. Sus contactos y seguidores pueden verlos en sus fuentes de noticias. Los blogs por otro lado, son otra manera simple y completa, simple y rápida de hacer *Content Mercadeo* de *Marca Personal*. Establezca patrones y temas para cada calendario editorial.

TROPIEZO
08

ADMINISTRA - CIÓN DE LOS PERFILES PROFESIONALES EN LINKEDIN

ADMINISTRACIÓN DE LOS PERFILES PROFESIONALES EN LINKEDIN: La gestión de su perfil profesional asegura un dedo en el pulso de sus contactos, ayuda a atraer y mantener interesados a los miembros de su comunidad natural/orgánica, y puede facilitar movidas de marca personal más allá de **Linkedin**. Ofrece mucha libertad, su perfil profesional debe ser monitoreado. Es importante estar revisando su «muro» especialmente cuando hay algún tipo de retroalimentación en **Linkedin**. Guste o no, lo que la gente publica en el muro de su cuenta es reflejo su marca. Si solo pone cosas aburridas, inútiles o descontextualizadas, su marca se verá afectada. Hay que participar e involucrarse con la gente que lo sigue en **Linkedin**. Este capítulo muestra y enseña a mantener su perfil profesional en **Linkedin** con CONTENIDO FRESCO y cómo mantener «**interesada**» a su red.

EXCLUSIVO, SOLO PARA SEGUIDORES ☺

Una de las mejores maneras de ganar seguidores y/o contactos para una cuenta activa de **Linkedin** es ofreciendo <u>algo más</u>, específicamente, algo que no pueden obtener en ningún otro lugar. Al proporcionar lo exclusivo, da razones tangibles a las personas para que pasen tiempo viendo su perfil profesional en **Linkedin** por eso es clave saber **administrarlo**.

ACTUALIZACIONES FRECUENTES EN LINKEDIN

Igual que las Páginas de Empresa, especialmente en los perfiles profesionales o a través de estos, es importante publicar actualizaciones de estado frecuentes o hacer Publicaciones en el «Muro» con nueva información, hay que, como hemos dicho varias veces, enfocarse en el contenido, pues, en las redes sociales, el contenido es mercadeo y el mercadeo es dinero. Muchas marcas personales, usan esta táctica para estar en la vanguardia y competir con sus pares (10A,2). Planéese para poner mínimo una actualización por día y considere días con contenido más frecuente.

REDISEÑAR OPORTUNAMENTE

Si, ya está haciendo actualizaciones de estado al menos una vez al día y mantiene un flujo constante de contenido que va y viene (tanto en el «*Wall*» como en el «*Feed*»), pero ¿qué pasa con el resto de su perfil profesional? Debe REVISAR y ACTUALIZAR su perfil profesional en **Linkedin** mínimo de 2 a 4 veces al año. Piense en transiciones suaves de información o diseño como recordatorios de actualización del perfil, cada vez que pase algo importante úselo. Las actualizaciones de estado, rediseños o compartir cosas nuevas o novedosas el perfil o a través de este, proporcionan una dosis diaria de nuevos contenidos, pero estos son sólo pequeños fragmentos de lo que su perfil profesional ofrece o tiene para ofrecer. Renovar el aspecto y los mensajes o la información, asegura incluso el largo plazo, y, mantiene también en el largo plazo la lealtad de su propia comunidad, su red o sus seguidores o las formas de persuasión para los visitantes, quienes, a un solo *click* de distancia, empiezan a ser parte de la vida de su marca personal.

RASTREO Y MONITOREO

Su perfil profesional en **Linkedin** tiene un objetivo principal, atraer e involucrar seguidores de su marca personal y también construir una comunidad en torno a su marca personal donde el canal es el perfil profesional. Muchos servicios ofrecen monitoreo automatizado de redes sociales, pero, nada como la intervención humana para el monitoreo. Eso significa «ojos» puestos en su perfil profesional. No hay que estar vigilando todos los días, pero compruebe que las cosas están bien y bajo control. Si usted está «posteando» con frecuencia, tenga la disciplina de estar mirando lo que está pasando. No pierda tiempo respondiendo a comentarios improductivos pero siempre trate de responderle a todo el que le escriba. Haga notar su presencia, pero sin arrogancia.

RETROALIMENTACIÓN Y MODERACIÓN

Su perfil profesional debe ser supervisado, pero, eso es sólo la mitad de lo que debe hacer. También debe moderar su perfil profesional en **Linkedin** y actuar con criterio sobre qué tipo de cosas deben ser editadas o borradas. Cómo determinar lo que se queda y lo que se va, depende exclusivamente de usted. A algunas personas les gusta usar los medios sociales sólo para quejarse, no lo haga usted y evite o mantenga bajo control las actualizaciones de estado de quienes lo hacen en su red o comunidad. Si le piden algo, responda así sea diciendo NO. Tenga cuidado con los SPAMs. Si quiere mantener su «Muro» de **Linkedin** abierto a comentarios relacionados con su marca personal debe estar atento sobre lo que hacen las personas que interactúan con usted. Tener éxito en todo esto, puede ser la diferencia entre una buena experiencia de usuario en el canal de **Linkedin** con su perfil profesional o una mala experiencia si la identidad, comunidad o contenido se ven afectados, confusos o distorsionados.

TROPIEZO
09

PÁGINAS
DE EMPRESA
EN LINKEDIN

PÁGINAS DE EMPRESA EN LINKEDIN: Son tantas las empresas y marcas habitando en **Linkedin** y que están en competencia directa, que, es determinante que la Página de Empresa en **Linkedin** sea personalizada (o *customizada*»). Su mejor apuesta para hacer que su contenido se destaque y sea compartida es «personalizar» todos los aspectos posibles de esta, desde el nombre y el URL hasta los vínculos o incluso pestañas con destinos específicos para nuevos visitantes, esto, incluye también las actualizaciones de estado que los seguidores actuales de la página de empresa ven en sus fuentes de noticias. **Linkedin** es relativamente sencillo de personalizar en realidad, en este sentido **Linkedin** ha sido siempre muy sencillo + sobrio, además, **Linkedin** en parte se enorgullece de que sea así; pero, es mucho lo que se puede hacer de manera paralela, complementaria y suplementaria. Muchas otras marcas o empresas, no están aprovechando al máximo las herramientas gratuitas y las funciones disponibles para ellos, por lo que un pequeño esfuerzo adicional de su parte puede servir para recorrer un largo camino. Debido a que **Linkedin** es innovador y está en cambio constante, también las herramientas y métodos de personalización cambian, este capítulo explora y muestra estrategias y tácticas para hacer que su página de empresa se destaque y se convierta, sino en un destino obligado, en un destino deseado o recomendado.

LOGO ESTÁNDAR Y LOGO CUADRADO

El «Logo Estándar» de la Página de Empresa en **Linkedin** es de los primeros elementos que los seguidores actuales ven cada vez que entran a su sitio. Es, una imagen que ven cada vez que vienen a su página. Estas imágenes en miniatura son la representación visual de su Página de Empresa en espacios como el suministro de noticias (*News Feed*) lugar donde, dicho sea de paso, sus contactos y sus marcas y sus empresas piden atención a gritos. Los logos de la página deben como es lógico, poderse destacar, pero también ser fácilmente distinguibles en un entorno de rápido movimiento como lo es una red social en su panel de actualizaciones. Tanto Facebook como **Linkedin** lo llaman ICONO y es de hecho de eso de lo que se trata, crear una imagen ICONICA o variante de esta. / El mantenimiento de una conexión entre las imágenes icónicas de la Página de Empresa y el suministro de noticias de ayuda a aumentar la interacción, el compromiso, el número de clics; los seguidores de su Página de Empresa reconocen inmediatamente su marca y responden a su contenido. Debido a que los logo-iconos de la Página de Empresa son una representación importante de su marca, usted debe aprovechar al máximo el espacio que **Linkedin** permite. Los logos en este contexto, previenen la confusión entre tanta gente y tanta información; muchas marcas utilizan logotipos estáticos como iconos pero algunas empresas cambian (como parte de algunas campañas por ejemplo) estas imágenes con variaciones del logo que, no afectan el concepto original de la representación visual de la marca, haciendo que los diseños estáticos dejen de ser considerados. Otras empresas, son más conservadoras cuando se trata de tener diferentes «looks».

ACTIVOS DE DISEÑO Y DE MEDIOS
/DISEÑANDO ACTIVOS Y MEDIOS

Los logos e iconos de la Página de Empresa ahora pueden dar una buena impresión, pero la cosa no puede acabarse ahí. **Linkedin** tiene otras herramientas de personalización como las «Páginas Vitrina» que se especializan en productos o portafolios (de alguna forma reemplazaron las pestañas de PRODUCTO/SERVICIO). Este tipo de Páginas en **Linkedin** ofrecen una forma similar pero distinta de interactividad con respecto a las tradicionales Páginas de Empresa en **Linkedin**. Hay un montón de espacio para transmitir su mensaje. No es necesario contratar diseñadores para los recursos internos de **Linkedin** pero si se siente cómodo haciéndolo, a veces eso es lo más recomendable. De cualquier manera, usted necesitará también saber un poco de escritura de código web para entender internamente el funcionamiento de **Linkedin** aunque siempre esté usando una interface visual predeterminada. Nada es demasiado extenuante o sofisticado en las soluciones de mercadeo de **Linkedin**, y, eso es en realidad muy bueno para su empresa o sus iniciativas comerciales b2b o de ventas. Aunque las «Páginas Vitrina» se ven muy bien, crearlas implica que su marca o empresa deben pensar en la misma cantidad de trabajo con cada una de estas que con la Página de Empresa de la cual «dependen», además, **Linkedin** como todas las redes sociales está permanentemente ajustando directrices y muchas aplican para las soluciones de mercadeo que parten de las Páginas. Si apenas está comenzando a «vender» o «posicionar» en **Linkedin**, apúntele a lo simple y vaya creciendo a partir de ahí de forma orgánica, es decir, según se lo vayan exigiendo sus seguidores o contactos.

CONTENIDO EN LINKEDIN

La adición y actualización de contenido tanto en plataformas externas pero conectadas a **Linkedin** (*Slideshare*) como en las actualizaciones de estado están entre las maneras más fáciles de optimizar y personalizar su Página de Empresa (y grupos) y apalancarse desde ahí para destacarse. Piense en la «VOZ» y el «TONO». Su negocio, tal vez es «gurú» y tenga mucha información o conocimiento para impartir y compartir. O, podría ser que su marca actúa creativamente e inspire a otras personas o empresas. Las personas, los productos, las marcas, las empresas tienen personalidad y la personalidad es comunicable, en el ámbito de los negocios, ningún lugar puede ser mejor que **Linkedin** para exponer la personalidad en términos de mercadeo. Por otro lado, el contenido es la pieza más maleable de una página de empresa en **Linkedin**, haga que valga la pena toda esa libertad y flexibilidad de contenido. Sin importar lo que está ofreciendo en su página de empresa en **Linkedin**, la personalización de contenidos es clave. Busque y encuentre a alguien que escriba bien y que sea recursivo con imágenes y no solo para campañas de email o Páginas Web. Se necesita una persona o un equipo que hagan del contenido plano y aburrido algo voluptuoso y entretenido, siempre, claro manteniendo códigos corporativos y de respeto por sus clientes o su grupo objetivo (contactos de **Linkedin** y seguidores de la Página de Empresa en **Linkedin**). Se requiere un estilo especial para que las cosas sean relevantes y notables al tiempo y solo con medios enriquecidos (Imágenes) sino con palabras claves (Etiquetas de Contenido).

Declárese enemigo del contenido estático, sus espacios en **Linkedin** deben permanecer frescos y ojalá, para evitar rediseños enteros, mantener un estilo y una actitud «EVERGREEN» ☺ /

Con estos criterios, actualizar una «Página Vitrina» o una «Página de Empresa» no tiene que ser sufrimiento sino divertimento, así lo hará cada que sea necesario; así, se refresca usted y refresca sus productos, su marca, su empresa dejándolos siempre al alcance de la gente.

PATRONES DE MARCA

Idealmente se deben publicar nuevos contenidos cada día. Las actualizaciones de estado son una forma fácil de personalizar y sincronizar la página de empresa con su marca. Los seguidores de la página de empresa, pueden verlos en sus fuentes de noticias. Los blogs son una manera simple y de hecho muy completa, simple y rápida de actualizar contenidos y personalizar su página de empresa a través de contenidos. Para poner aún más personalidad a su página de empresa, establezca patrones y temas para cada día. Estos temas «globales» permiten la flexibilidad en contenido específico y, al mismo tiempo establecen expectativas en los seguidores de las Páginas. De información que genere interés sin dar la publicación entera. Muchas marcas han alcanzado y mantenido puntos cumbres a través de las redes sociales. Los temas pueden ser muy abiertos y orientados al consumidor o ser más sutiles (concursos). Usar tema en patrones guía exitosamente la creación y publicación de contenidos. En redes sociales como Facebook, por ejemplo, se usan cosas como Lunes de *Trivia*, Viernes de Seguidores, Jueves de Consejos, Martes de Ideas, Miércoles de Concursos, esto es extrapolable a **Linkedin** si se establecen parámetros de diferenciación de contenidos específicos por canal. De cualquier manera, siempre podrá hacer que el desarrollo de temas de contenido sea mucho más fácil y útil a los Seguidores de su Página de Empresa en **Linkedin**.

...LO EXCLUSIVO

¿Quién o qué empresa no quiere que visiten su Perfil o Página de **Linkedin**?, pero en realidad deseamos también que visiten una página web, un blog o incluso una tienda virtual o física para comprar su producto o servicio. A menos que ya sean clientes, en ninguna red social y tampoco en **Linkedin** podemos saltarnos la venta dura aunque las llamadas en frío ya no sean tan frías. Es necesario convencer a los usuarios de **Linkedin** (sus contactos) o seguidores de la página de su empresa para que sigan llegando/viniendo y quedándose «un rato». La personalización del diseño de la página de empresa y el contenido de esta se basará probablemente – preferiblemente en los nuevos visitantes, pero ofreciendo contenido EXCLUSIVO, en **Linkedin** los espacios de los **Influenciadores** de **Linkedin** aportan ese ingrediente de EXCLUSIVIDAD (7,5) que hará conectarse a la gente con marcas y empresas o sus respectivas Páginas y de paso con algunos de sus representantes estrella (caso de *Martin Sorrell* y todas las empresas del Grupo WPP). Piense en lo que les gusta a sus clientes actuales. ¿Campañas, Concursos, Promociones, Descuentos, Regalos?, todas son una oportunidad sencilla para vender apalancado de Páginas de Empresa. No se asuste de pensar fuera de la caja. Suena trillado pero la gente busca que la hagan sentir especial y la exclusividad alimenta ese sentimiento y es también un manera simple de personalizar su página de empresa en **Linkedin**. Su acuerdo de exclusividad puede cambiar todas las semanas o dar un giro cada mes.

La información por ejemplo en «Páginas Vitrina» (de las que hemos hablado como «*Showcase Pages*») debe generar gusto en la gente, el deseo de comentar o el impulso de compartir para que así se promueva esporádicamente pero consistentemente usando como canal el «*News Feed*» con actualizaciones de estado como método. Lo más importante es asegurarse de que habla su marca y su página de empresa y que usted o su negocio ofrecen algo que nadie o pocos ofrecen.

CARACTERÍSTICAS DE *CUSTOMIZACIÓN* (EX: «SHOWCASE PAGES»)

Linkedin entre pocas redes sociales se ha esforzado mucho para mantenerse alejado opciones excesivamente personalizables, pueden darse cambios en el futuro pero el estilo de **Linkedin** nunca será exagerar. Sin embargo, opciones/plataformas/aplicaciones como IFTTT.COM y HOOTSUITE.COM permiten programar manualmente o automatizar publicaciones usando RSSs que son ideales para «dragar» / «traer» contenido de un Blog propio o de un tercero hacia **Linkedin**. Aunque eso no es exactamente «*customizacion*», contribuye al proceso.

Linkedin y aplicaciones como IFTTT (crear «Recetas» de Publicación) solo piden ser muy claros - específicos con los campos de los Encabezados, las Imágenes, el Cuerpo del Texto, los Autores, las Fuentes y los Enlaces o URLs, así como los Datos de Contacto o Alternativas de Conexión para el «*Engagement*», bien individual o corporativa. Otras aplicaciones ayudan a reutilizar contenido como HOOTSUITE (repitiendo publicaciones en unos pocos y sencillos pasos).

Por supuesto, si usted aun quiere más personalización, **Linkedin** lo permite pero ya debe quedar en manos de programadores expertos y especialistas en diseño que entiendan cómo funciona el desarrollo con **Linkedin**. Así adicionalmente puede ganar un poco más de control en lo de adentro y lo de afuera (visualización y funcionalidad).

APLICACIONES DE USUARIO

Hacer aplicaciones propias es un gran paso para usted o su empresa, pero también se pueden hacer movidas más funcionales, más fáciles; crearlas puede ser «entretenido» pero hacerlas relevantes para su negocio puede ser un reto, pero, una vez que usted tiene una idea, puede ser una buena manera de usarla a través de una aplicación para hacer mercadeo para su compañía a usando colateralmente las Páginas de Empresa. La gran mayoría de las personas usan **Linkedin** para buscar oportunidades o ser encontrados para ofrecérselas, por esa razón, cualquier aplicación externa que le ayude a la gente a lograr eso es un canal poderoso de conexión con el grupo objetivo. Los Medios Enriquecidos son una gran parte de **Linkedin**, por lo cual, cualquier aplicación que permita compartir Videos, Presentaciones, Imágenes o «*Podcasts*» está yendo al nivel siguiente. En el centro de **Linkedin**, los gustos, intereses e impulso de la gente se ven reflejados en sus perfiles. Las aplicaciones se aprovechan positivamente de la información profesional de las personas.

SHOWCASE PAGES O «PÁGINAS VITRINA» DE LINKEDIN

Las *Showcase Pages* (cuya traducción literal seria «*Página Vitrina*») son páginas dedicadas que permiten a las empresas poner de relieve diferentes aspectos de su negocio y construir relaciones con la comunidad correcta. Ya sea que se trate de una marca, una unidad de negocios, o una iniciativa, a partir de una página tipo *Showcase* se proporcionarán las actualizaciones que más interesen a los seguidores. Interactuar con la *Showcase Pages* es fácil. Estas páginas son todo acerca de contenido, por lo que al visitar una de estas páginas especializadas se puede llegar rápidamente a las últimas actualizaciones. Al igual que cualquier página de empresa en **Linkedin**, si desea asegurarse de que ve las futuras actualizaciones en su *feed*, simplemente haga *click* en el botón "Seguir". Si usted es un administrador de la página de su empresa en **Linkedin**, puede crear fácilmente una *Showcase* propia que quedara dependiendo directamente de la página de la empresa. En primer lugar, identifique las áreas de negocio que su empresa necesita mostrar en una «VITRINA» virtual en **Linkedin**. Luego vaya al menú desplegable "Editar" y seleccione «Crear *Showcase Page*». Una vez creado, puede empezar a compartir contenidos de su página o de su mismo perfil inclusive. Usted también será capaz de controlar el rendimiento de esta sub-Página a través de las herramientas de análisis en **Linkedin**.

TROPIEZO 10

ADMINISTRA - CION DE LAS PÁGINAS DE EMPRESA EN LINKEDIN

ADMINISTRACIÓN DE LA PÁGINA DE EMPRESA EN LINKEDIN: La gestión de su página de empresa le asegura que tiene un dedo en el pulso de sus consumidores, ayuda a atraer y mantener a los miembros, y puede ayudar a las iniciativas de mercadeo directo más allá de **Linkedin**. Como una extensión de su sitio web, pero que ofrece mucha más libertad de usuario, su Página de Empresa debe ser monitoreada. Usted necesita mantener el ojo puesto en su «muro» específicamente, lo bueno y lo malo como críticas positivas y negativas de los seguidores de Página de Empresa en **Linkedin**. Guste o no, lo que la gente publica en el muro de su página es reflejo su marca. Si usted permite que sea invadida por basura, groserías, quejas sin atención o preguntas sin respuesta, su marca se verá afectada. Usted y su empresa necesitan poner CONTENIDO FRESCO, pero también es necesario participar e involucrarse con la gente de su Página de Empresa en **Linkedin**. Este capítulo muestra y enseña a mantener su página de empresa en **Linkedin** llena de CONTENIDO FRESCO y cómo mantener «felices» a los seguidores.

EXCLUSIVO, SOLO PARA SEGUIDORES ☺

Una de las mejores maneras de ganar seguidores en una Página de Empresa es ofreciéndoles algo más, específicamente, algo que no pueden obtener en ningún otro lugar. Al proporcionar entregas exclusivas, le da una razón tangible a las personas para que visiten su Página de Empresa en **Linkedin** y quieran seguir viniendo (07A,1). Esta táctica es aún más eficaz cuando se combina con algún tipo de «oferta» (en **Linkedin** hay que ser mucho más cuidadosos que en Facebook para contenido comercial pues, hay que recordar que son nichos distintos). Entregar a través de su Página algo que la gente o las empresas realmente aprecien y usen, demuestra que su Página de Empresa también es valiosa y todo a un solo *click* de distancia. Cree enlaces a promociones únicas y use códigos o claves exclusivos dentro del canal de **Linkedin** para la gente que quiere redimir dichas promociones; haga promoción de sus promociones y haga seguimiento del tráfico en su página web o página de aterrizaje para monitorear los resultados de conversión. No haga ofertas excesivamente o promociones muy frecuentes, tanto prospectos como clientes pueden ser persuadidos por cosas menos tangibles que ofrecen beneficios, los eventos son un ejemplo de eso. Recicle o reutilice lo que haya funcionado o haya sido exitoso pero tampoco abuse de esa alternativa.

ACTUALIZACIÓN DE ESTADO FRECUENTE EN LINKEDIN

Es importante publicar actualizaciones de estado frecuentes o hacer Publicaciones en el «Muro» con nueva información, se ha dicho esto varias veces atrás y seguirá siendo importante enfocarse en el contenido, pues, en las redes sociales, el contenido es mercadeo. Muchos de los *mercadologos* actuales se basan en esta táctica para mantenerse a la vanguardia de la competencia (07A,2). Planéese para poner mínimo una actualización por día y considere días con contenido más frecuente. El truco está en mantener a los usuarios informados y entretenidos sin obstruir su flujo en el suministro de noticias y volverse molesto para ellos; cada «post» tiene una razón, cerciórese de que <u>no es simplemente poner por poner</u>, tómese tiempo extra para asegurarse de que es rápido, fácil de entender, y atractivo. Siempre compruebe, ortografía, gramática y sintaxis, muy especialmente cuando se trate de publicar en **Linkedin** como compañía en la Página de Empresa. Piense en el tipo de medios o vínculos que podría incluir para realizar actualizaciones que se destaquen. De nuevo, recuerde que un calendario de contenido puede ayudar con una gran cantidad de trabajo en la planificación.

SIEMPRE TENGA PRESENTE DIAS y HORAS QUE PRODUCEN MEJOR RESPUESTA EN SU GRUPO OBJETIVO. Hay literalmente un montón de organizaciones con Página de Empresa en **Linkedin** compitiendo con usted y su empresa por el espacio que la gente tiene en sus FEEDS para mantenerla atenta dando *clicks* de LIKE, COMMENT, SHARE con contactos de **Linkedin**. Dele a la gente una razón para seguir volviendo y deles el contenido que desean.

REDISEÑAR OPORTUNAMENTE

Ok, ahora usted está haciendo actualizaciones de estado al menos, una vez al día y mantiene un flujo constante de contenido que va y viene (tanto en el «*Wall*» como en el «*Feed*»), Pero ¿qué pasa con el resto de su Página de Empresa? Algo extraordinario de **Linkedin** es lo simple que puede ser actualizar información en una pestaña de contenido o módulos de información con respecto a lo que hay que hacer para editar o actualizar una página web o blog. Piense que debe REFRESCAR su Página de Empresa en **Linkedin** por lo menos 4 veces al año, mínimo una vez por año. Puede por ejemplo hacerlo cada QUARTER, o puede hacerlo por temporadas o hacerlo cada primavera, verano, otoño e invierno (aunque su producto o marca no tenga nada que ver con el cambio estacional). Lo anterior es solo un ejemplo / sugerencia que puede funcionar mejor en empresas o productos relacionados con alimentación o moda (restaurantes / almacenes) pero su empresa puede inventar excusas temáticas de actualización de la Página de Empresa en **Linkedin**. Hay muchas razones e ideas para actualizar periódicamente una Página de Empresa en **Linkedin**. Otro ejemplo pueden ser fiestas nacionales o fiestas de la cultura popular «Global»: San Valentín, San Patricio, *Halloween*, Navidad. O simplemente piense en transiciones suaves de información o diseño como recordatorios para actualizar la página. Si usted tiene mucho o poco que hacer, incluso se puede actualizar una vez al mes. A una empresa o persona le queda, irónicamente, más fácil hacerlo mensual, para no acumular trabajo (los que tienen poco tiempo) o para hacer algo robusto los que tienen más tiempo.

Las actualizaciones de estado proporcionan una dosis diaria de nuevos contenidos, pero estos son sólo pequeños fragmentos de lo que su Página de Empresa ofrece o tiene para ofrecer. Renovar el aspecto y los mensajes o la información de las fichas de información, asegura incluso el largo plazo de la Página de Empresa en **Linkedin**; y, mantiene también en el largo plazo la lealtad de los seguidores o las formas de persuasión para los visitantes, quienes, a un solo *click* de distancia, empiezan a ser parte de la vida de su marca y de su empresa. Juegue (seriamente), o más bien experimente (organizadamente) con **Linkedin** para ver cómo funciona, que le funciona y que es lo que mejor funciona para usted, su producto, su marca o su empresa.

PROMOCIONES

Las promociones (en el marco de campañas), por naturaleza, son un ejercicio de comunicación comercial cuyo objetivo usualmente es incrementar resultados de ventas a partir de acciones por parte de la gente del grupo objetivo que tiene un límite de tiempo para acceder a lo prometido con las características / criterios especificados. Ya sea un concurso, la realización de un evento, lanzamientos en línea, la apertura de una tienda, las promociones en **Linkedin** están diseñadas también para ser actualizadas frecuentemente (si aplica para su negocio). En el corto plazo (promociones de un día como la apertura de un almacén, artículos de cantidades limitadas – *hasta agotar existencias* o frases o consejos empresariales) puede ser cubierto en una actualización de estado o dos. Las promociones a largo plazo, sin embargo, merecen el uso de espacios exclusivos para estos; únicamente para promociones específicas.

«Tab» o Casilla de Promociones

Linkedin es bastante «original» por no decir «raro» respecto a su ecosistema para explotarlo para mercadeo, si lo comparáramos con *Facebook* encontraríamos muchas similitudes, pero sus diferencias no tienen paralelos o alternativas alineadas. Para empezar, la opción de promociones como tal no existe en las Páginas de Empresa o en las Páginas Vitrina sino en los grupos. Los grupos tienen un espacio similar al de las Actualizaciones de Estado que tiene un cajon para un TITULO (donde hay que entrar un «Tópico de Discusión»), un cajón de DETALLES, un cajón para escoger con cual GRUPO COMPARTIR, y, finalmente, escoger un TIPO DE DISCUSION, que incluye, un *Item* «General», de «Trabajo» (*Job*) y una «PROMOCION» (*PROMOTION*). Estos espacios dedicados a promociones únicas sirven a promociones grandes a largo plazo que se ejecutan por lo menos en un par de semanas. Aquí no hay diseños, es bastante plano, prácticamente es solo texto (al menos hoy por hoy), específicamente para reflejar la promoción e incluir algún tipo de funcionalidad se debe aportar un URL si quiere traer gente; como siempre y es recomendable, los títulos y detalles deben ser claros y directos, de otra manera el enganche va a ser muy bajo. Puede hacer promociones conjuntas de corta duración en distintos grupos al tiempo pero escoja vías acordes a su marca para que las promociones tengan los resultados exitosos que busca. Conecte promociones con actualizaciones de estado para darle más potencia de mercadeo y de comunicación.

Promociones como Parte de las Actualizaciones de Estado

Linkedin no tiene pestañas personalizables por lo que la única personalización puede tener cabida en las actualizaciones de estado. Use ese espacio inteligentemente cuando se trate de promociones.

RASTREO Y MONITOREO

Su Página de Empresa en **Linkedin** tiene un objetivo principal, atraer e involucrar seguidores de su marca y de paso, la construcción de una comunidad en torno a su marca donde el canal es la Página de Empresa. Si bien el aumento de la interacción mediante el fomento de las preguntas y comentarios es una estrategia sólida y una parte integral de su plan de mercadeo de **Linkedin**, también genera una gran cantidad de contenido por parte de los usuarios y los comentarios en torno a esto deben ser monitoreados (07A,5).

.
.
.
.
.
.
.
.
.
.
.
.
.
.
.
.
.
.
.

Muchos servicios ofrecen monitoreo automatizado de redes sociales (haga una rápida búsqueda en Google con las palabras "monitoreo de medios sociales" y descubrirá que este buscador le proporciona una serie larguísima de herramientas gratuitas o pagadas que son útiles para muchos propósitos y en distintos niveles). Pero, no hay como la intervención humana para el monitoreo cualitativo. Eso significa «ojos» auténticos puestos en la Página de Empresa, alguien de su equipo (o usted si tiene tiempo) puede «tomarle el pulso» a la página que su empresa tiene en **Linkedin**. Tiene que haber alguien que responda a preguntas, quejas y/o felicitaciones. No hay que estar vigilando su página de empresa, sus Páginas Vitrina o sus grupos y subgrupos todos los días, pero debe comprobar el comportamiento de la Página al menos con un vistazo diario. Si usted está «posteando» con frecuencia, tenga la disciplina de estar mirando lo que está pasando. Puede que el grueso de la acción podría llegar justo después de cada publicación y no deje de estar visitando y vigilando después de eso. Si se está ejecutando una promoción en **Linkedin**, debe elegir los recipientes beneficiarios de las promociones y responder preguntas desde o hacia su Página de Empresa por ejemplo, con quienes son ganadores y las dudas asociadas. No pierda tiempo respondiendo a comentarios genéricos como «Admiro su Empresa», «Su producto es mi favorito» o mensajes por el mismo estilo. Elija responder a las entradas que hacen usuarios con comentario útiles. Haga notar su presencia, pero no sea arrogante. Anime a la creación de comunidades y deje que estas hagan la mayor parte de la conversación.

RETROALIMENTACIÓN Y MODERACIÓN

Las Páginas de Empresa deben ser supervisadas, pero, eso es sólo la mitad de la batalla, sin embargo, y cuando se trata de tiempo, más bien solo es 1/5 (una Quinta Parte). También debe moderar su Página de Empresa en **Linkedin** y actuar con criterio sobre qué tipos de mensajes deben ser borrados, respondidos o dejar como están (07A,6). Cómo determinar lo que se queda y lo que se va depende de usted. Algunos administradores tienen como reacción primaria, quitar todos los comentarios negativos de la retro - alimentación; otros, lo dejan y responden a las críticas de la mejor manera posible. Una buena regla a seguir es dejar comentarios legítimos, tanto positivos como negativos, para que todos lo vean. Responda a ambos tipos de mensajes, ya sea con mensaje de «gracias por su opinión...» o una respuesta adecuada a las preguntas y quejas. A algunas personas les gusta usar los medios sociales sólo para quejarse; pero, por lo general es bastante fácil diferenciar a quienes sólo quieren causar problemas de los que quieren su ayuda para resolver un problema. Si piden una solución, tratar de darla, pero no se ate a responder exclusivamente a través de **Linkedin**. Un mensaje que deje claro que «te escuchamos...» puede ser un gran avance. Poner respuestas públicas a cosas que deberían ser respondidas discretamente, por otra vía o en privado es un error que un «*Community Manager*» en **Linkedin** no puede darse el lujo de cometer. Tenga cuidado también con el SPAM. Usted quiere mantener su «Muro» de **Linkedin** abierto a comentarios relacionados con su marca su categoría o su industria, pero este encima con el ojo puesto sobre personas con sus propias agendas para molestar a su empresa o ensuciar su marca. Tener éxito en eso, puede ser la diferencia entre una buena experiencia de usuario en el canal de **Linkedin** para su empresa o una mala experiencia en el camino desde la que es difícil ganar o recuperar seguidores de la página.

RESPONDER EN LINKEDIN ES UN «ARTE»

Borrar *spam* o comentarios con mentiras o cosas falsas en **Linkedin** está bien pero acuérdese que hay que pensar como «Servicio al Cliente». Si algo salió mal, es hora de arreglarlo. Puede responder a preguntas generales con bastante rapidez y puede beneficiarse tanto de un comentario sobre una entrada de un usuario existente como de una actualización de estado general. Puede «llamar» personas específicas que para mostrarles que estás escuchando (un mensaje interno funciona para eso; algo así como "gracias por el recordatorio, Andrés!"). Si la pregunta o queja es más personal, puede que tenga que investigar un poco y probablemente querrá hacer seguimiento en línea. La Honestidad Diplomática en **Linkedin** es su mejor apuesta. Si no está familiarizado con la situación en torno a una queja manténgase al margen hasta documentarse o hablar con alguien que este informado. Usted necesita obtener hechos antes de presentar una solución. Mientras tanto, se puede publicar algo público o privado que diga que está trabajando en la solución del problema. No descarte la posibilidad de conseguir números celulares o direcciones de correo electrónico si una situación se torna demasiado delicada. Aunque no es demasiado común o imposible de controlar por vías digitales es bueno tener planes de contingencia que no dependan de lo digital. Nunca, Nunca olvide dar las gracias y comente como representante de su empresa o como empresa en artículos o historias relevantes publicadas en su Página o Perfil (si ese es el caso). Siempre, Siempre «hable» en términos positivos. Al hacer lo recomendado puede ayudar a fomentar sentido de comunidad, así que también saque tiempo para responder a los buenos comentarios.

PUBLICIDAD, ANUNCIOS Y ANUNCIOS PUBLICITARIOS DE LINKEDIN

Linkedin no lo dice pero los anuncios en esta plataforma se deberían actualizar por lo menos cuatro veces al año, al igual que su pestaña de información general en la Página de Empresa; las compañías no son estáticas, las marcas tampoco. La publicidad de **Linkedin** es quizás uno de los vehículos publicitarios más efectivos de internet (aunque hay que pagar por esta, por supuesto), y, se puede jugar con miles de posibles parámetros. Experimente para averiguar lo que funciona y lo que no funciona y no tenga miedo de cambiar cosas o hacer pruebas. Tranquilo, hasta que no meta información de su tarjeta de crédito y haga *click* en el último botón para que una campaña salga en vivo, experimentar con los parámetros no le va a costar nada. Pero, si quiere ver resultados, si tendrán que haber desembolsos. Canjear anuncios en **Linkedin** es aún más fácil incluso que actualizar información considerando que el espacio y el diseño son simples. Pero no deje que eso lo engañe. Nunca se debe cambiar un anuncio simplemente porque es o parece el momento de hacerlo. Asegúrese de que haya una estrategia / táctica para cada cambio y que los anuncios realmente estén dirigidos a ayudarlo a alcanzar una meta de mercadeo. Estos objetivos podrían fluctuar a lo largo del año, desde ganar seguidores a aumentar interacción en un blog, generar tráfico a una página de aterrizaje, etc. Los anuncios de **Linkedin** que conducen a sitios fuera de **Linkedin**, deben dejar claro cuál es la localización final. Es posible incluso crear páginas de destino específicas que le permitan reconocer que personas llegaron desde **Linkedin** gracias a su anuncio.

Esto facilita cualquier transición, mientras que también ayuda con el seguimiento y permite fácilmente entregar lo prometido si, por ejemplo, se trata de algo exclusivo a lo que la gente ha llegado solo desde **Linkedin**. Los Anuncios de **Linkedin** que llevan a sitios específicos en **Linkedin** deben tener un aterrizaje específico correspondiente, como la pestaña de una Página de Empresa, una página vitrina, grupos, subgrupos o incluso perfiles. Así que si cambia ubicaciones en su página, asegúrese de verificar y cambiar la información de los anuncios dirigidos a esos sitios; de otra forma, mandar gente a un lugar desactualizado o muerto puede ser una pérdida de dinero. No está de más recordar de nuevo que debe mantener su contenido fresco; esto se aplica a todo lo relacionado con su Página de Empresa en **Linkedin**, y, también a los anuncios, incluso y enfáticamente a los anuncios.

ANEXO

EL EFECTO LINKEDIN para principiantes*

*Inspirado en *LinkedIn for Dummie´s Cheat Sheet*

El "suscribirse" a Linkedin significa que empieza a ser parte de la mayor red profesional en línea en el mundo. Referénciese aquí, en esta sección de este libro, para obtener directrices útiles para utilizar Linkedin tanto como persona y como empresa, es muy útil, especialmente cuando se buscan negocios o trabajo. Linkedin lo puede utilizar tanto para usted como para hacer presencia en internet, construir identidad digital, crecer una comunidad propia de profesionales, conectarte a través de redes profesionales y, finalmente, diseñar contenido compatible a lo anterior y a Linkedin, que, una vez publicado, se convierte en la mejor "publicidad" que existe. Créame, lo he visto funcionar, eso, es lo que se llama EFECTO LINKEDIN! // Su perfil profesional de LinkedIn es la conexión a su identidad digital, abierta, gratuita y además tiene algo increíble, le conecta con el mundo de los negocios, 24/7. Innovar constantemente el perfil profesional de Linkedin es una tarea que debe hacerse hoy por hoy, de manera regular, concienzuda e igualmente, debe dejar información abierta al público. La página de empresa hace por su empresa lo que su perfil profesional hace por usted en su carrera. Cuanto más lo hace, más contactos y prospectos podrían hacer y tener. Por otra parte, enganchar su RED y su COMUNIDAD con CONTENIDO y PUBLICACIONES es el centro de la modernidad digital en el ámbito de negocios o de trabajo. LinkedIn es una gran manera de ayudarle a utilizar las redes profesionales para algo tan común y «doloroso» como la búsqueda de empleo. No importa el titulo o cargo de sus mejores prospectos, puede encontrarlos en LinkedIn, eso se lo podríamos garantizar en un 99%.

GENERALIDADES para usar Linkedin como Profesional

- Invierta una buena cantidad de tiempo para crear un perfil grandioso y detallado.
- Comience dejando recomendaciones para sus conexiones de primer grado que sienta se lo han ganado.
- Saque una pequeña pero productiva cantidad de tiempo, de forma coherente, para actualizar y mantener su red de LinkedIn.
- Use con generosidad palabras claves en la búsqueda avanzada para encontrar lo indicado / adecuado; si no obtiene resultados, quite una o dos palabras y vuelva a intentarlo.
- Investigue a alguien en LinkedIn antes de encontrarse con esa persona para una entrevista de trabajo o una reunión de negocios.
- Haga una verificación de referencias en cualquier contrato potencial utilizando LinkedIn antes de hacer cualquier oferta a un candidato o prospecto.
- Escanee las actualizaciones para estar al día de lo que está haciendo su red.
- Utilice la función de actualización de estado de LinkedIn (compartir una actualización) para mantener a su red informada sobre sus intereses o su negocio.

GENERALIDADES para usar Linkedin como Empresa

- Invierta lo suficiente para activar una página de empresa y que la infamación sea clara y también detallada.
- Recomiende la página de empresa a sus conexiones de primer grado que sienta que podrían encontrarla útil.
- Destine tiempo productivo y siendo consistente, para actualizar y mantener informados a los seguidores en LinkedIn.
- Use filtros de búsqueda avanzada para obtener información clave sobre su público, audiencia objetivo o clientes potenciales.
- Investigue tendencias en LinkedIn antes de hacer movidas o avances de desarrollo de negocios y publicaciones.
- Haga *referenciamiento* con respecto a empresas que hagan algo igual o similar a la suya, así, estará hablando el idioma correcto para sus posibles contratantes o clientes.
- Ubique *influenciadores*, temas, publicaciones en la industria de su para estar al día de lo que está pasando o va a pasar en su industria.
- Utilice la función de actualización de estado de su página de empresa en LinkedIn (compartir una actualización) para mantener a sus seguidores informados sobre el enfoque de su empresa o el negocio de la misma.

CONSEJOS para mejorar
su PERFIL PROFESIONAL de Linkedin

- Cree y/u Obtenga una URL *Customizada*. No es lo mismo usar URLs por defecto que las otras que son "personalizadas" así,
  HTTPS://WWW.LINKEDIN.COM/IN/6319170
  no es igual que
  HTTPS://WWW.LINKEDIN.COM/IN/ANDRESVELASQUEZ

- Adicione todo tipo de antiguos colegas, desde jefes hasta subordinados o gente que haya estado en su mismo nivel organizacional; adicione todos los que más pueda encontrar e invitar.

- Adicione una FOTO (Picture) a su perfil, que se vea profesional (*"something classy"*).

- Asegúrese de que su ENCABEZADO (*Headline*) enfatiza cualquier palabra clave que quiere usar para promoverse.

- Asegúrese de que su perfil es público y actívelo para que vean toda la información, de esta manera, se puede mostrar enteramente en los resultados de las búsquedas web.

- Adicione en su perfil, vínculos a *websites* que quiere visibilizar o los que quiere enviar tráfico, como Blogs, tiendas en línea, o la página web de su empresa y si puede, renómbrelos en Linkedin a manera de etiquetas con hipervínculos, ya que Linkedin se lo permite.

- Incluya todos sus emails personales y/o empresariales más usados en su perfil para que la gente pueda conectarse con usted; y, aunque Linkedin no despliega esos email públicamente más allá de sus contactos de primer grado, puede incluirlos, junto con un numero celular en el espacio del EXTRACTO (*Summary*), esto, le facilita a la gente acceder a esta información clave, de forma simple cuando alguien trata de contactarlo.

- Llene el campo del EXTRACTO (*Summary*) con habilidades e intereses críticos para su target, tenga en cuenta la formula "WHAT I DO" + "WHY IT WORKS" + "WHO AM I / WHAT DIFFERENTIATES ME" y recuerde que se trata de un espacio para usar palabras claves relacionadas a su vida y a su trabajo.

- No olvide llenar la sección de APTITUDES (*Skills*) con su listado de aptitudes más importantes a resaltar, puede poner hasta 50.

- Adicione el link de su PERFIL PROFESIONAL a todo el material de comunicación de mercadeo profesional o corporativo.

CONSEJOS para mejorar
su PÁGINA EMPRESARIAL en Linkedin

- Cree y/u Obtenga una URL *Customizada*. No es lo mismo usar URLs por defecto que las otras que son "personalizadas" así, HTTPS://WWW.LINKEDIN.COM/COMPANY/2305036 no es igual que HTTPS://WWW.LINKEDIN.COM/COMPANY/THE-INK-COMPANY

- Invite a todo tipo de antiguos clientes o alianzas y proveedores, invite todos los que más pueda encontrar e invitar.

- Adicione un LOGO (Picture) que se vea de calidad (*"something classy"*).

- Piense en una DESCRIPCION enfatice en lo más importante y profundice en lo relevante.

- Asegúrese de que la pagina queda lista para hacerla pública y notifíquelo para que la vean, de esta manera, además, así, se puede mostrar enteramente en los resultados de las búsquedas web.

- Adicione en la sección descriptiva, , en el espacio destinado para esto específicamente, un vínculos oficial al *website* de la empresa o a donde quiere enviar tráfico, como Blogs o tiendas en línea.

- Incluya información sobre TIPO, TAMAÑO, INDUSTRIA, ESTADO OPERACIONAL, AÑO DE FUNDACION. LOCACIONES, etc.

- Llene el campo de la DESCRIPCION, siempre!

- No olvide llenar la sección de ESPECIALIDADES (*Specialties*) con el listado de las áreas más fuertes de su portafolio de empresa.
- Adicione el link de su PAGINA EMPRESA a todo el material de comunicación de mercadeo profesional o corporativo.

10 PASOS para construir
RED en Linkedin

1. Complete siempre su perfil.
2. Compruebe si hay antiguos colegas y compañeros que forman parte de LinkedIn mediante el uso de herramientas de búsqueda específicas.
3. Importe sus contactos, si los tiene, en CSV.
4. Importe tus contactos de su email sincronizando sus cuentas con Linkedin.
5. Compruebe si hay personas que comparten grupos o páginas con usted.
6. Ponga información de Linkedin en sus tarjetas de negocios para contactos potenciales, busque en Linkedin sus contactos de «viejas» tarjetas de negocios; envíe solicitudes de conexión a TODOS ellos.
7. Busque a través de conexiones de RED de primer grado (1st.)
8. Anúnciese al unirse y al participar en discusiones de los grupos.
9. Utilice las funcionalidades de "*Who's viewed your Profile*" y "*People You May Know*"
10. Encuentre y/o conéctese con gente en LinkedIn a partir de cualquier notificación, tanto de mensajes, interacciones, solicitudes, si no hay una acción para conectar de parte de ellos, tome usted la iniciativa.

**10 PASOS para construir
COMUNIDAD en Linkedin**

1. Complete siempre la página.
2. Compruebe si hay individuos de antiguas o actuales alianzas e invítelos a SEGUIR su página de empresa.
3. Notifique a sus contactos, si quiere, haga una campaña de email para que lo sepan.
4. Use APIs internas de Linkedin que le sirvan para aplicar técnicas de *Growth-Hacking* y/o apalancarse de comunidades ya existentes.
5. Comparta con personas que están en grupos o en otras páginas.
6. Ponga información de Linkedin en sus tarjetas de negocios para clientes potenciales, busque sus contactos de «viejas» tarjetas de negocios; envíe invitaciones a seguir su página de empresa a TODOS ellos.
7. Busque inteligentemente conexiones de primer grado (1st.) compatibles con lo que su empresa ofrece en Linkedin e invítelos a hacer FOLLOW.
8. Al participar en ferias o foros, mencione su página de empresa.
9. Utilice Slideshare para curar, co-crear y compartir contenido de su empresa o relacionado a su empresa.
10. Conecte y enganche gente en LinkedIn a partir de contenido de marca publicado.

9 VIÑETAS en cómo usar Linkedin para Buscar Oportunidades de Trabajo

1. Asegúrese de que su perfil este actualizado, que sea preciso y coincida con lo que usted le proporcionaría de valor a un gerente o reclutador.
2. Esté al tanto de las actualizaciones de en su red para saber si alguien ha sido promovido o cambiado de trabajo a una empresa en la que le gustaría trabajar.
3. Use la búsqueda avanzada de personas para encontrar miembros de la red en segundo o tercer grado que trabajan en una empresa deseada. Solicite una introducción a esas personas y pida consejo o una entrevista informativa.
4. Conecte con todos los que han trabajado con usted, si TODOS, pues, estas personas saben de su capacidad profesional y así, potencialmente podrían recomendarlo.
5. Asegúrese de que sus aspectos más destacados del perfil estén planteados como logros medibles que consiguió a través de sus puestos de trabajo.
6. Haga búsquedas y conecte con el mayor número de reclutadores que se pueda encontrar y que buscan llenar puestos de trabajo en su sector de destino o el enfoque de trabajo suyo.
7. Utilice las páginas de empresa nativas para ver cuál de las conexiones de su red trabaja en una en particular, recientemente puede haber gente que haya sido promovida en ese lugar, y en esa vía, encontrar información específica sobre lo que necesita saber para una carta de presentación o una entrevista.
8. No olvide usar las bolsas de empleo internas.
9. Si va a aplicar para un trabajo, vea si el anuncio de fue puesto por alguien en su red extendida; pida una remisión directa o una *intro* para que pueda conectarse y dar una mejor impresión de entrada adelantándose a otros candidatos posibles.

7 VIÑETAS en cómo usar Linkedin
para Prospectar Opciones de Negocios

1. Establecer nuevas conexiones y acercarse a conexiones de segundo grado.
2. Revise regularmente el suministro de noticias de sus contactos más «calientes».
3. Pida recomendaciones (testimoniales) hágase presentar a través de otros.
4. Mine los Grupos para identificar nuevos negocios.
5. Cace prospectos con Búsquedas Avanzadas.
6. Mapee empresas o ejecutivos en estas que sean prospectos.
7. Llegue a los que toman decisiones.

Reid Hoffman, posiblemente el más reconocible de los fundadores de Linkedin, alguna vez dijo que si todas las personas de un país en etapa laboral o empresarial, usaran Linkedin, tanto para sus carreras como para sus empresas, el producto interno bruto (PIB) de ese país, se incrementaría significativamente. Imagine lo que sería su rol o el impacto en su negocio / carrera al entrar o al usar LinkedIn al máximo.

NOTA PARA EL *ENTUSIASTA* DE LINKEDIN

Se dice que el año 2012 fue «el año de social». Que el 2013 fue «el año de los contenidos». Y también se dice que los años que vienen van a mezclar ambas cosas. Las redes sociales ya no son un invento más sino componentes vitales del mercadeo. Con el contenido abastecimos el mercadeo social, hemos llegado a un momento donde hay que hacer verdaderamente una comercialización integrada a lo táctico y lo estratégico que está siendo dirigida por una nueva raza de profesionales de mercadeo. Si siempre hemos hablado de mezclas y de integralidad en el mercadeo este es nuestro momento de buscar el siguiente nivel. El mercadeo en internet, en las redes sociales y especialmente en **Linkedin**, combina lo nuevo con lo viejo (lo que aun funciona claro) pero adaptado. Las redes sociales son el escenario, **Linkedin** es la plataforma y el contenido es el combustible. **Linkedin** «*...is the New Black*» (como dijo Jason Miller en «**THE SOPHISTICATED MARKETERS GUIDE TO LINKEDIN**»). Espero que este Libro contenga la mayor parte de las cosas importantes que siempre quiso saber o complementar sobre mercadeo, redes sociales y especialmente sobre **Linkedin** y como sirve para el Mercadeo. Las oportunidades están allá afuera y como insiste una amiga empresaria: «la plata está ahí, solo hay que salir a buscarla». Esto y este son momentos y objetos para aumentar nuestra conciencia, influir y cambiar nuestra percepción sobre como veníamos haciendo todas las cosas en torno a la tecnología y al mercadeo; NUNCA dejar de generar clientes potenciales, NUNCA dejar de buscar ingresos. Entonces, esto no termina aquí. ¿o sí?

REFERENCIAS

- ☐ http://www.linkedin.com
- ☐ Libro: "El Efecto Linkedin"

CONTACTAR O CONECTAR
www.linkedin.com/in/andresvelasquez

ISBN-13: 978-1979934404
ISBN-10: 1979934401

la
guía
completa de
linkedin
para tontos

Made in the USA
Las Vegas, NV
17 August 2021